Götz Thomas Wenzel
Geheimobjekt Atombunker

Götz Thomas Wenzel

Geheimobjekt Atombunker

Die Troposphären-Funkstation Eichenthal

Ch. Links Verlag, Berlin

Der Autor dankt
Ingmar Arnold und Felix Kriszun
für ihre Mitarbeit an diesem Buch sowie
Christoph Links für die intensive
verlegerische Betreuung.

Die Fotos im Buch stammen
vom Autor bzw. aus
dem Archiv des Verlages
Die Karten zeichnete
Klaus Linke, Leipzig.

Die Deutsche Bibliothek verzeichnet diese Publikation
in der Deutschen Nationalbibliographie;
detaillierte bibliographische Daten sind im Internet
über http://dnb.ddb.de abrufbar.

1. Auflage, September 2006

Schönhauser Allee 36, 10435 Berlin, Tel.: (030) 44 02 32-0
Internet: www.linksverlag.de; mail@linksverlag.de
Umschlaggestaltung: KahaneDesign, Berlin, unter Verwendung eines Fotos
aus dem gefluteten Bunker Eichenthal im Jahr 2005 von Götz Thomas Wenzel
Satz und Lithos: typegerecht berlin GbR
Druck und Bindung: Bosch-Druck GmbH, Landshut

ISBN-10: 3-86153-388-X
ISBN-13: 978-3-86153-388-7

Inhalt

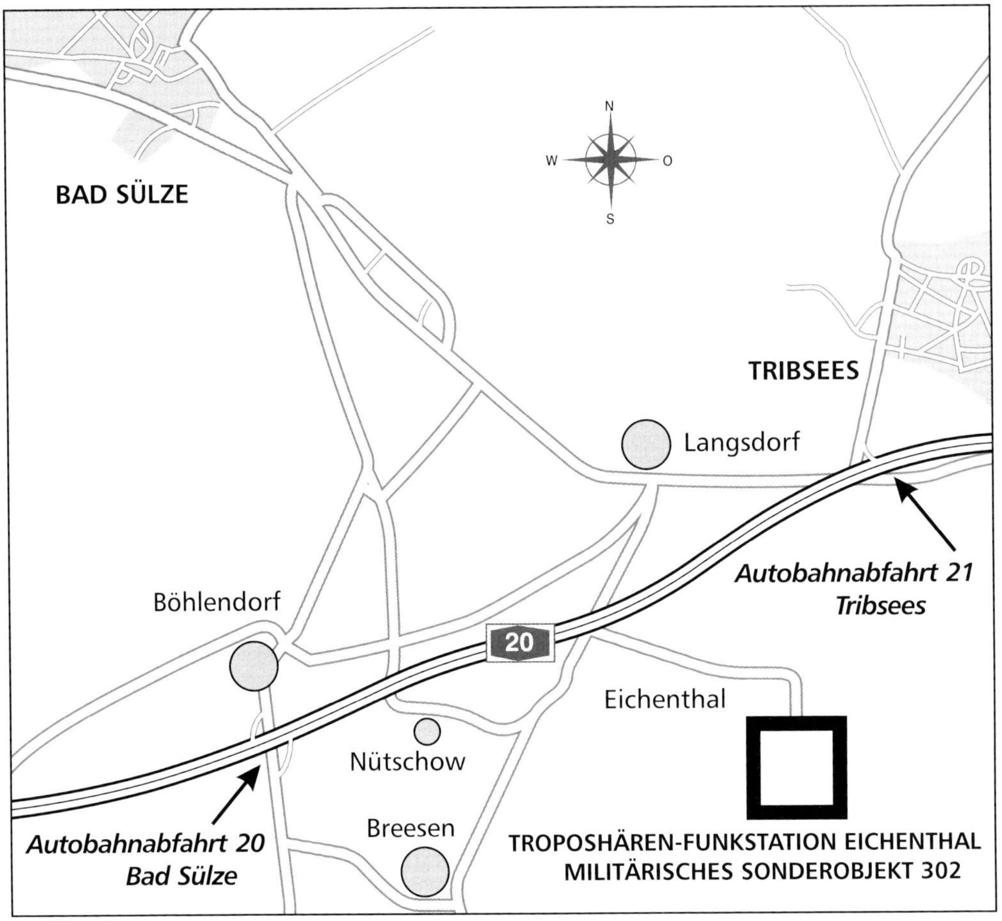
N
W
O
S
BAD SÜLZE
TRIBSEES
Langsdorf
Autobahnabfahrt 21
Tribsees
Böhlendorf
20
Eichenthal
Nütschow
Breesen
Autobahnabfahrt 20
Bad Sülze
TROPOSHÄREN-FUNKSTATION EICHENTHAL
MILITÄRISCHES SONDEROBJEKT 302

Militärobjekt in abgelegener Idylle

Ein Nachrichtenknotenpunkt an der Grenze von Mecklenburg und Pommern

»Wenn die Welt untergeht, gehe ich nach Mecklenburg, denn dort geht sie 50 Jahre später unter.« Besucht man heute den Norden der Grenzregion zwischen Mecklenburg und Vorpommern, ist man geneigt, Otto von Bismarck Recht zu geben: Zumindest abseits der belebten Küste scheint die Zeit in dieser verschlafenen ländlichen Idylle stehen geblieben zu sein. Die Ruhe und Abgeschiedenheit, die heute vereinzelte Erholung suchende Touristen und Ausflügler anzieht, machte die Region auch zum idealen Standort für eines der geheimsten Objekte der Nationalen Volksarmee (NVA) der DDR: den Atombunker in Eichenthal.

Allerdings wurden im Laufe der Geschichte durchaus Versuche unternommen, Nordvorpommern den schnelleren Rhythmus des industriellen Zeitalters aufzuzwingen und die Gegend aus ihrem Dornröschenschlaf zu reißen:

Im April 1881 informierte Landrat J.B. von Hennings die Bevölkerung des kleinen vorpommerschen Städtchens Grimmen im lokalen Kreis- und Wochenblatt über eine bevorstehende Neuerung: Ein gewisser Erdmann, seines Zeichens Bauunternehmer aus Berlin, werde am 26. und 27. April 1881 »mit dem Bolleschen Dampfomnibus und mit der Bolleschen Lastzugmaschine auf einer Chausseestrecke des Regierungsbezirks Greifswald Probefahrten unternehmen«. Diese sollten von Greifswald aus über Grimmen nach Tribsees führen, durch den heutigen Landkreis Nördliches Vorpommern. Die Busse würden mit der sagenhaften Geschwindigkeit von 35 Stundenkilometern übers Land rollen, zumindest immer dann, wenn es bergab geht. Die Polizei in den betroffenen Ortschaften entlang der Strecke sei daher gebeten worden, dem »Passieren des Omnibusses keine Schwierigkeiten zu bereiten« und die entsprechenden Sicherheitsregelungen in die Wege zu leiten sowie »die Reaktionen der Bevölkerung auf dieses Ungetüm von Dampfmotor und Passagierraum« festzuhalten. Wörtlich schrieb der Landrat weiter: »Ich ersuche dieselben ergebenst, mir demnächst ihre Wahrnehmungen über die Leistungsfähigkeit der Maschine sowie vor allem über ihren Einfluss auf die Sicherheit des Straßenverkehrs mitteilen zu wollen.« Besonders positiv sind die Rückmeldungen nicht ausgefallen. Einige Polizisten setzten Hennings darüber in Kenntnis, dass »einige Reiter sich einen Spaß daraus gemacht haben«, nebenher zu galoppieren und das Monstrum immer wieder zu überholen und zu verhöhnen. Einige Anwohner hätten sogar von »Hexerei« gesprochen.[1]

Mit Erdmann und seinem Dampfmaschinen-Omnibus hielt auch in Neu-

Eichenthal an der Trebel im frühen 20. Jahrhundert

Blick auf Tribsees am Beginn des 20. Jahrhunderts

vorpommern die moderne Zeit Einzug. Bald folgten neue Verkehrswege – Straßen, Eisenbahnlinien, Kanäle – und neue Kommunikationsmöglichkeiten, von denen die Post mit Telegrafie und Telefon besonders profitierte. Bisher entlegene Dörfer wurden nun mit der übrigen Welt direkt verbunden. Schon wenige Jahre nach den ersten Omnibus-Experimenten verfügte Tribsees über einen Bahnhof mit Umsteigemöglichkeiten und wurde somit zu einem regelrechten Verkehrsknotenpunkt.

Zunächst kam am 19. Mai 1895 mit der Franzburger Südbahn die Direktverbindung von Velgast im Norden nach Tribsees zustande, dann folgte am 16. November 1895 die Mecklenburgische Friedrich-Franz-Eisenbahn aus dem Westen von Rostock über Sanitz. Nur zehn Tage später, am 26. November, folgte die Eisenbahngesellschaft Greifswald–Grimmen in Richtung Osten, und schließlich wurde noch am 1. Juni 1901 die Strecke Franzburg–Tribsees durch die Eisenbahngesellschaft Stralsund–Tribsees nach Nordosten eröffnet.[2] Zwei- bis dreimal täglich verkehrten auf diesen vier Strecken die Lokalzüge der Klein- und Nebenbahnen. Von Greifswald brauchte man 1913 über Grimmen durchschnittlich knapp drei Stunden für die 50 Kilometer bis nach Tribsees, 1945 waren es immer noch zwei Stunden und 45 Minuten, allerdings verkehrten die Züge nur noch zwei Mal in der Woche, dienstags und freitags.[3] Aus der Hansestadt Rostock kam vier Mal täglich ein Zug an, er benötigte gut 90 Minuten über Sanitz und Bad Sülze nach Tribsees.[4] Und vom nördlichen Velgast war man im Jahre 1898 etwa 95 Minuten bis Tripsees unterwegs.[5] Zwei Mal täglich, morgens und abends, wurde diese Strecke befahren.

Heute künden nur noch einige Bahndämme, die sich mit etwas Mühe in der hügeligen Landschaft erkennen lassen, von der einstigen Herrlichkeit der Eisenbahnregion nördliches Vorpommern. Die Ost-West-Verbindungen Franzburg–Tribsees und Sanitz–Tribsees wurden bereits im Jahre 1945 auf Befehl der sow-

Bad Sülze, Rathaus und Marktplatz (1942)

Kurort Bad Sülze, Hotel »Stadt Hamburg« (1942)

jetischen Militäradministration für Mecklenburg-Vorpommern stillgelegt und demontiert. Für die nördliche Strecke nach Velgast kam schließlich am 27. Mai 1995 das endgültige Aus.[6] Die Bahn erbringe keine ausreichenden Gewinne mehr in dieser dünn besiedelten Region, hieß es lapidar.[7] Damit war der einstige Knotenpunkt Tribsees endgültig vom Netz abgehängt. Bushaltestellen mit Namen wie »Bad Sülze, ehemaliger Bahnhof« wecken bei den Anwohnern wehmütige Erinnerungen. Heute verkehrt hier die Buslinie 120 a nach Rostock, jedoch nur vier Mal am Tag, an den Wochenenden noch seltener. Die gut 30 Kilometer werden in 55 Minuten zurückgelegt.[8] Ob sich Herr Erdmann darüber freuen würde?

Das nördliche Vorpommern wirkt heutzutage entsprechend ruhig, vielerorts malerisch und friedlich. Tripsees und Umgebung sind etwa 30 Kilometer von der touristisch belebten Ostseeküste entfernt; in die landwirtschaftlich geprägte Region zu beiden Seiten von Recknitz und Trebel verirren sich nur wenige Urlauber, man befindet sich im weniger erschlossenen »Hinterland«. Geschichtlich betrachtet war es hier jedoch über lange Zeit keineswegs friedlich und ruhig, denn hier verlief eine mehrfach umkämpfte Grenze: von 1325 bis 1648 zwischen Mecklenburg und Pommern, dann von 1648 bis 1815 zwischen Preußen und Schweden. Nicht zufällig trägt daher das nordöstlichste Bundesland Deutschlands auch einen Doppelnamen. Es ist ein Kunstprodukt, entstanden aus den Katastrophen des Dreißigjährigen Krieges und des Zweiten Weltkrieges, in dessen Ergebnis die Teile Pommerns jenseits der Oder – Hinterpommern – polnisch wurden.

Weit über fünfzehn Mal, so belegt es die Chronik der Stadt Tribsees, wurde der Ort bis dahin von Kriegen überzogen. »Nicht mitgerechnet sind dabei die vielen Grenzplänkeleien, die sich immer wieder zwischen den mecklenburgischen Fürsten und den pommerschen Herzögen ergaben. Die Hoffnung, die mit der Stadtgründung verbunden war, erfüllte sich nicht. Zu sehr hemmten die Kriege die Entwicklung der Stadt, und die Bürger bevorzugten es, sich dort sesshaft zu machen, wo größere Ruhe herrschte und sie einem gesicherten Erwerb nachgehen konnten.«[9]

Im Jahre 1326 eroberten die Mecklenburger, von Westen kommend, erstmals die am östlichen Ufer der Trebel gelegene Stadt Tribsees, und zwar durch eine Kriegslist, wobei ihnen die Spaltung der Einwohnerschaft zu Hilfe kam. Die einen standen auf der Seite der rügischen Fürsten – die Insel befand sich zu dieser Zeit im Besitz von Vorpommern –, die anderen versprachen sich mehr von den mecklenburgischen Herrschern. Zwei Ratsleute ermöglichten des Nachts mecklenburgischen Hauptleuten das Überklettern der Stadtmauern, wonach diese die Wachen niedermachten und die Stadttore öffneten, so dass die mecklenburgischen Truppen die Stadt besetzten konnten. Die beiden Verräter wurden jedoch von den Tribseeser Bürgern ausgemacht und »zu Stücke gehauen«, bzw. »in den Tod verwundet«, wie die Chronik vermerkt.[10]

Aufgrund der Grenzlage hat sich in der Gegend frühzeitig das Militär eingenistet und bis heute viele Spuren hinterlassen, von vorzeitlichen Burgwällen bis hin zu hochmodernen, unterirdischen Führungsstellen von Wehrmacht und Nationaler Volksarmee. Ein Beispiel dafür ist Eichenthal.

Die kleine Splittersiedlung, die gerade mal aus vier Häusern, einigen Straßenlaternen und einem betonierten Wen-

Ortseingang von Eichenthal mit Wendeschleife (2005)

deplatz besteht, liegt nicht weit von Tribsees entfernt und ist selbst Einheimischen kaum bekannt. Sie liegt abseits im Flussmoortal der Trebel, direkt an der historischen Grenze zwischen Mecklenburg und Pommern, auf der westlichen und somit mecklenburgischen Seite des Tals. Jüngst hat man in der Nähe wieder einen historischen Grenzstein aufgestellt. Zu DDR-Zeiten war die kleine Gemeinde jedoch auf nahezu allen Karten ausgeblendet, selbst die detaillierten Verkehrskarten für die einzelnen Bezirke verzeichnen zwar die Ansiedlung, aber keinen Namen.[11]

Den einzigen Zugang nach Eichenthal bildet ein Feldweg, der von der nahe gelegenen Landstraße in Richtung Langsdorf abzweigt. Gleich hinter der Siedlung beginnt das morastige Trebeltal, das in den letzten Jahren renaturiert worden ist. Wer hier spazieren geht, hört hin und wieder das entfernte Gebell eines Hundes von einem der vereinzelten Gehöfte diesseits und jenseits des Flusses oder das Schnattern der Enten und Wildgänse am Rande der Tümpel und aufgelassenen Torfstiche. Ansonsten – nichts, nur Stille und Einsamkeit.

In diesem abgelegenen Winkel Mecklenburg-Vorpommerns befindet sich geschickt im Wald verborgen eines der großen Geheimnisse des Kalten Krieges: die gebunkerte Troposphärenfunk-Zentrale 302 des Warschauer Paktes. Sie war als geheimer Knotenpunkt innerhalb eines ausgedehnten militärischen Kommunikationssystems errichtet worden, um im Falle eines Atomkrieges, wenn alle anderen Funksysteme bereits ausgefallen sind, noch Informationen in die weiter östlich gelegenen Befehlszentralen übermitteln

Das Trebeltal wird im Rahmen eines EU-Projekts renaturiert (2005)

zu können. Und dies mit einer hochmodernen, abhörsicheren Technologie.

Zugleich war der Bunker ein Verkehrsknotenpunkt für vielfältige militärische Nachrichtenstränge. Von hier führten tief in der Erde liegende Kabel zum unterirdischen Kommandostand der Volksmarine in Tessin-Drüsewitz, zum 13 Kilometer entfernt liegenden Außenposten Alt Stassow, zur Nachrichtenzentrale des Nachrichtenregiments 18 der Nationalen Volksarmee in Böhlendorf und zur Ortsvermittlungsstelle der Deutschen Post der DDR in Bad Sülze.[12] Oberirdisch wurden über große Antennenanlagen

Funkbrücken mit Lichtgeschwindigkeit (299 792,5 km pro Sekunde) hergestellt. Das extrem aufwändige und teure Bauwerk befand sich nach Fertigstellung in ständiger Einsatzbereitschaft, wurde jedoch bald nicht mehr gebraucht. Im Oktober 1990 hatten sich die politischen Verhältnisse derart geändert, dass die DDR aus dem Warschauer Pakt aus- und der Bundesrepublik beitrat. Nach der friedlichen Revolution in mehreren osteuropäischen Ländern zerfiel der sowjetisch dominierte Machtblock, und das Gebiet der DDR wurde Teil des zuvor gegnerischen Militärbündnisses, der NATO. Die Bundeswehr rückte nach dem 3. Oktober 1990 ein und staunte nicht schlecht, was sie in den entlegenen Winkeln des nordöstlichen Vorpommerns alles vorfand.

Inzwischen ist die Region durch den Bau der Ostsee-Autobahn A 20 im Rahmen der »Verkehrsprojekte Deutsche Einheit« leicht zu erreichen. Am 7. Dezember 2005 eröffnete die gerade ins Amt eingeführte neue Bundeskanzlerin Angela Merkel die 530 Meter lange Brücke über die Trebel bei Tribsees, womit das letzte Autobahnstück zwischen Rostock und Greifswald für den Verkehr freigegeben werden konnte.[13]

In Eichenthal (Ausfahrt Tribsees) kann heute ein rekonstruiertes Militärobjekt besichtigt werden, das an die Gefahren der einstigen Konfrontation zwischen Ost und West erinnert und dem Betrachter zugleich die Absurditäten einer atomaren Gewaltpolitik vor Augen führt.

Bunker für den Atomschlag

Nationale Volksarmee und Warschauer Pakt im Kalten Krieg

Das militärische Sonderobjekt 302 – die Troposphärenfunk-Zentrale (TFZ) in Eichenthal bei Langsdorf – ist einer der letzten Bunker des Kalten Krieges, die auf dem Gebiet der DDR gebaut wurden. Es handelt sich um einen sogenannten ABC-Bunker der Schutzklasse D, der gegen jede Art von atomaren, biologischen und chemischen Angriffen sicher sein sollte. Er sollte keineswegs dem Schutz von Anwohnern dienen, sondern der Übermittlung von Nachrichten im Falle eines Krieges an der Nahtstelle von Ost und West, an der Trennlinie der verfeindeten politischen Systeme.

Bei einer Kernwaffenexplosion mit nuklearer Kettenreaktion werden ungeheure Energiemengen freigesetzt, die alle konventionellen Waffen weit übertreffen und auf riesigen Gebieten jedes Leben zerstören. Die stärkste jemals zur Explosion gebrachte Wasserstoff-Bombe wurde am 30. Oktober 1961 10 000 Meter über der sowjetischen Insel Nowaja Semlja im Nordpolarmeer gezündet. Ihre Zerstörungskraft entsprach 57 000 Kilotonnen, also 57 Megatonnen, gewöhnlichen TNT-Sprengstoffs. Sie war damit 3800 Mal stärker als die berüchtigte Hiroshima-Bombe, die eine Sprengkraft von 13 Kilotonnen TNT hatte. Die US-amerikanischen Atombombenabwürfe über Japan im August 1945 und die nachfolgenden Kernwaffentests auf dem Bikini-Atoll in der Südsee Anfang der 1950er Jahre, als dort im Rahmen der »Operation Bravo« eine 15-Megatonnen-Bombe gezündet wurde, hatten zuvor das Wettrüsten angeheizt. Waffen dieser Bauart hätten städtische Ballungsgebiete komplett verwüstet und jahrzehntelang unbewohnbar gemacht.

In fünf Zonen würde sich die Druckwelle einer solchen Atomexplosion über wenigstens 50 Kilometer ausbreiten. In der Kernzone 1, im absoluten Verdampfungspunkt des unmittelbaren Aufprallgebietes der Bombe, ist bei einer Temperatur von ca. 1700 Grad Celsius mit einer Windgeschwindigkeit von schätzungsweise bis zu 515 Stundenkilometern zu rechnen. (Zum Vergleich: Die größte, je in der Natur gemessene Windgeschwindigkeit auf dem Mount Washington im US-Bundesstaat New Hampshire betrug 374 Stundenkilometer; Hurrikans und Tornados erreichen maximal 250 Kilometer pro Stunde). Es folgen Zone 2, wo alle oberirdischen Strukturen vollkommen zerstört werden, das Einstürzen von Gebäuden und Brücken in der Zone 3, durch die Hitzewelle ausgebrannte Häuser in Zone 4 und schließlich gewöhnliche Kriegszerstörungen in der Zone 5.[14] Beide Seiten bauten diese Bomben, um ein »Gleichgewicht des Schreckens« zu schaffen.

Die dieser Gleichgewichtsidee zugrunde liegende Theorie der massive retaliation (massive Vergeltung) geht auf den früheren US-Außenminister John Foster Dulles zurück, der 1954 in einer Rede bekannt gab, dass sich die USA zukünftig vorbehalten würden, auf »militärische Provokationen« jeder Art mit dem Einsatz von Nuklearwaffen zu reagieren.

Die Aussicht auf eine totale nukleare Vernichtung, bei der ganze Landstrichen und Städte weggeschmolzen, ja regelrecht verpufft werden und dann über Jahrhunderte radioaktiv verseucht bleiben, ist jedoch keine sinnvolle militärische Option, denn nach dem Verlassen der Bunker, so gut geschützt diese auch sein mögen, gäbe es an der Oberfläche keinen Lebensraum mehr. Auch die meisten führenden Militärs sahen einen solchen Atomkrieg als nicht mehr handhabbar an, weder politisch noch militärisch. Auf US-Seite gab man dementsprechend das Konzept der massiven Vergeltung auf. Im Jahr 1961 formulierte Präsident John F. Kennedy die neue Linie: flexible response (flexible Antwort). Ziel war es, militärische Optionen zu entwickeln, um flexibel auf Angriffe reagieren zu können und der grausamen »Logik« der gegenseitigen Vernichtung ein Ende zu bereiten. Mit schwächeren Waffen sollten primär militärische Ziele angegriffen werden, um die Zivilbevölkerung zu verschonen. Daher konzentrierte sich die Forschung bald darauf, auch kleinere »taktische« Atomwaffen, so genannte Mini-Nukes, zu entwickeln, die mit ihrer enormen Durchschlagskraft vor allem gegen verbunkerte Bauwerke eingesetzt werden sollten.

Auf beiden Seiten wurde zugleich überlegt, einen atomaren Krieg »begrenzt führbar« zu machen, wie es unter anderem in der NATO-Strategieplanung Air-Land-Battle von 1981 deutlich wurde. Danach war vorgesehen, zuerst rasch nuklear zuzuschlagen, um vor allem die militärische Auseinandersetzung in einem »erweiterten Gefechtsfeld« auf das feindliche Territorium zu verlagern und dabei nicht alles total zu zerstören, sondern die gegnerische Infrastruktur nur so weit wie unbedingt erforderlich auszuschalten. Eingeplant war eine Kombination von konventionellen, chemischen und atomaren Waffen. Noch heute besitzt diese Militärdoktrin für die US-Armee Gültigkeit. Sie wurde unter der Bezeichnung Air-Land-Battle 2000 für den Zeitraum 1995 bis 2015 weiterentwickelt und präzisiert. Von den westeuropäischen Bündnispartnern im NATO-Militärausschuss ist dieses Konzept jedoch nicht übernommen worden.

In ähnlicher Weise haben auch die Mitgliedsstaaten des 1955 gegründeten und 1991 aufgelösten Warschauer Vertrages, der in der westlichen Einflusssphäre als »Warschauer Pakt« bezeichnet wurde, (UdSSR, Bulgarien, ČSSR, DDR, Polen, Rumänien und Ungarn) das Konzept für einen begrenzt führbaren Atomkrieg in ihr taktisches Repertoire aufgenommen.[15] Ob dies auch die Bereitschaft zum atomaren Präventivschlag beinhaltete, ist in der Forschung bis heute umstritten.[16]

Nach der lange Zeit gültigen sowjetischen Militärdoktrin hätte es im Falle einer militärischen Auseinandersetzung der beiden großen Blöcke neun kontinentale und vier ozeanische Kriegsschauplätze gegeben. Der Europäische

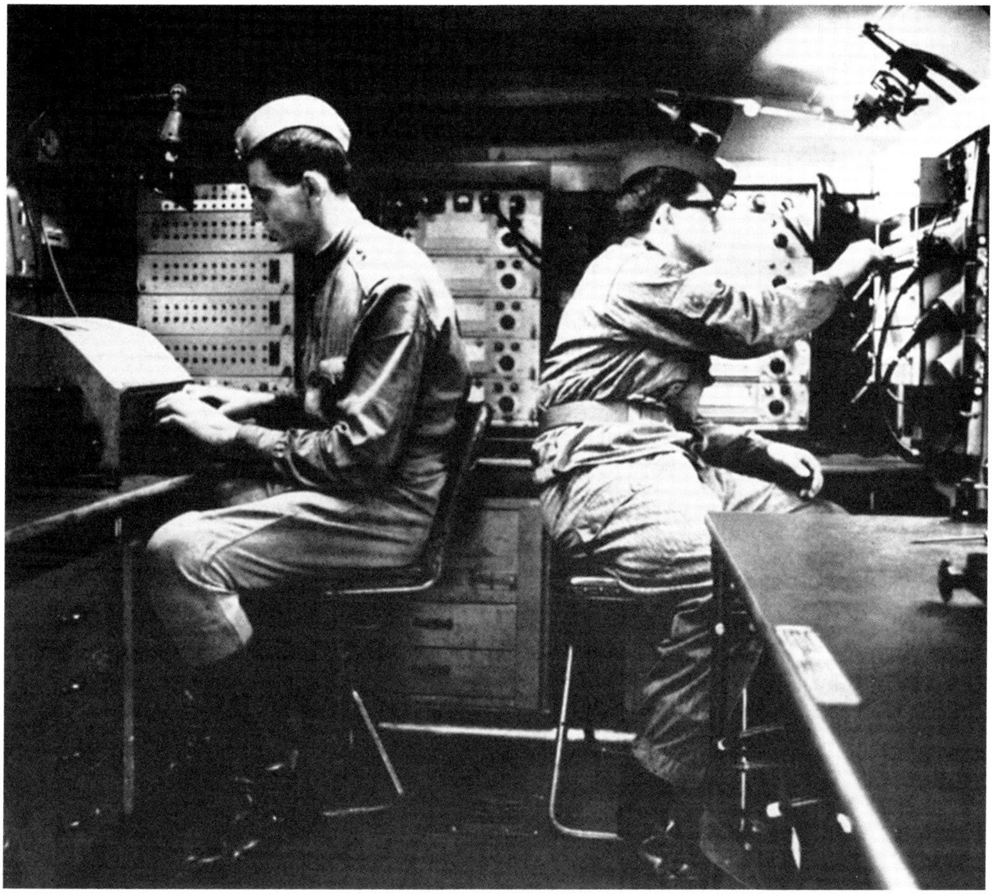

Soldaten der Nachrichtentruppen der NVA und der Sowjetarmee bei einem gemeinsamen Manöver (1970)

Kriegsschauplatz untergliederte sich demnach in den Nordwestlichen, den Westlichen und den Südwestlichen, die ihrerseits wiederum in strategische Räume unterteilt waren. Durch den zentraleuropäischen Raum (Bundesrepublik Deutschland und Benelux-Länder) verlief die Grenze zwischen dem Norddeutschen und dem Süddeutschen Strategischen Raum. Diese waren wiederum noch weiter in die Operationsrichtungen I Küste, II Ruhrgebiet, III Luxemburg, IV Bayern, V Alpen, VI Jütland untergliedert.[17]

Im Falle einer atomaren Auseinandersetzung wären die verschiedenen militärischen Befehlszentralen (im Militärjargon »Führungsstellen« genannt) schnell voneinander abgetrennt gewesen, da die elektromagnetischen Impulse nach der Explosion den Funkverkehr zerstört hätten und die Kabel verschmort wären. Fachleute sprechen in diesem Zusammenhang vom EMP-Schock, abgeleitet von electromagnetic pulse. Gemeint sind die auftretenden hoch energetischen und breitbandigen elektromagnetischen Strahlungsimpulse, die zum Totalausfall

Wichtige DDR-Militärstandorte an der Ostseeküste

⚡ Technisches Beobachtungszentrum

1 Rostock-Gehlsdorf: Kommando Volksmarine
2 Tessin: Hauptgefechtsstand Kommando Volksmarine
3 Marlow: Marinefunksendestelle Kommando Volksmarine
4 Peenemünde/Usedom: 1. Flottille der Volksmarine
5 Warnemünde: 4. Flottille der Volksmarine
6 Dranske/Rügen (Bug): 6. Flottille der Volksmarine
7 Parow: Marinehubschraubergeschwader
8 Laage: Marinefliegergeschwader
9 Schwarzenpfost/Gelbensande: Küstenraketenregiment
10 Wolgast: Wissenschaftlich-Technisches Zentrum; Instandsetzungsbasis
11 Stralsund: Schiffsstammabteilung; Offiziershochschule
12 Bad Sülze: Nachrichtenregiment; Funktechnisches Störbatallion
13 Kühlungsborn: Kampfschwimmer-Kommando
14 Eichenthal: Troposphären-Funkstation
15 Wahrstorf: Rückwärtige Führungsstelle
16 Tilzow/Rügen: Raketentechnische Abteilung
17 Prora/Rügen: Militärtechnische Schule
18 Saßnitz/Rügen: Marinepionierbataillon, Chemische Abwehr
19 Neuhof: Reservegefechtsstand, Komplexlager
20 Hanshagen: Raketen-Torpedotechnische Basis

von elektronischen Bauteilen auf Halbleiterbasis führen. Die unterirdischen Spezialbauwerke für den Nationalen Verteidigungsrat der DDR in Prenden (nördlich von Berlin bei Wandlitz), die Hauptführungsstelle der NVA im Verteidigungszustand in Harnekop (nordöstlich von Berlin bei Wriezen) oder auch die Kommandostellen für die einzelnen Teilstreitkräfte der Nationalen Volksarmee in Potsdam-Geltow (Landstreitkräfte), Tessin-Drüsewitz (Volksmarine) und Fürstenwalde (Luftstreitkräfte/Luftverteidigung) hätten die Detonationen vermutlich überstanden, wären aber kaum noch kommunikationsfähig gewesen. Diese Schaltzentralen der politischen und militärischen Macht der DDR hätten dann keine Verbindung mehr zu ihren unmittelbar vorgesetzten Befehlsstellen innerhalb der Vereinten Streitkräfte (wahrscheinlich Falkenhagen in Brandenburg und Königsbrück in Sachsen) gehabt. Dies sollte unter allen Umständen verhindert werden, weshalb es neue Formen der Nachrichtenübermittlung zu entwickeln galt.

Die sowjetischen Befehlszentralen rund um Moskau sollten auch im Falle eines Angriffs schnell und präzise über die Kampfhandlungen auf dem vorgelagerten westlichen Gefechtsfeld informiert werden, wozu sichere Informationsübermittlungsstellen geschaffen werden mussten. Man wollte sich nicht allein auf die Satellitenaufklärung verlassen. Im Herbst 1983 wäre es fast zu einer nuklearen Katastrophe gekommen, als ein sowjetischer Frühwarnsatellit am 26. September den Anflug von einem Dutzend US-Raketen meldete. Der damals in einem 50 Kilometer nördlich von Moskau gelegenen Bunker diensthabende Oberst Stanislaw Jewgrafowitsch Petrow glaubte den Meldungen jedoch nicht und verschwieg die durch Sonnenreflexionen ausgelöste trügerische Scheinattacke ein-

NVA-Soldaten in Vollschutzanzügen bei einem Manöver (1971)

fach seinen Vorgesetzten. Als nach Durchsicht der Computerprotokolle der Vorgang offenbar wurde, begann der Abstieg des Obersts: Zunächst wurde er strafversetzt, dann degradiert und schließlich unehrenhaft aus der Armee entlassen.[18]

Um einen Ausfall des traditionellen Nachrichtensystems im Ernstfall kompensieren zu können, wurde innerhalb des Warschauer Vertrages (Wechselbefehl) das so genannte Troposphärenfunk-System BARS installiert, das man zur Sicherheit gleich in doppelter Struktur anlegte. Die vier Buchstaben stehen dabei für die russischen Wörter bronirowani (geschützt), avtonomni (autonom), radiowani (funk-) und sistema (System), also ein abgeschirmtes, eigenständiges Nachrichtenverbindungssystem.[19] Es sollte vor allem für reibungslose und rasche Funkverbindungen zwischen dem Oberkommando der Vereinten Streitkräfte des Warschauer Vertrages und den Verbündeten der Sowjetunion gewährleisten. Das war für die UdSSR auch deshalb besonders wichtig, da sie ständig Truppenkontingente und Flottengruppierungen außerhalb ihrer Grenzen im Einsatz hatte, zu denen sie zuverlässige Verbindungen brauchte, unabhängig von den jeweiligen Einheiten der nationalen Armeen vor Ort.

Allein in der DDR waren zeitweilig bis zu 450 000 Soldaten der Sowjetischen Armee stationiert. Am 1. Oktober 1991, fast genau ein Jahr nach der Deutschen Einheit, waren es immer noch rund 338 000 Soldaten und 208 000 Zivilangestellte. Es handelte sich um 17 Divisionen mit 4100 Kampfpanzern, 7900 gepanzerten Gefechtsfahrzeugen, 3600 Geschützen der Artillerie, 680 Kampfflugzeugen, 730 Kampfhubschraubern sowie insgesamt 2 602 000 Tonnen militärischem Material.[20]

Ein erster Beschluss zur Entwicklung eines geschützten Nachrichtennetzes wurde vom Politischen Beratenden Ausschuss der Warschauer Vertragsstaaten auf der Tagung im Jahr 1980 gefasst. Technisch entschied man sich für das Troposphärenfunk-System, ein speziell auf militärische Zwecke zugeschnittenes Netzwerk von Richtfunkverbindungen, deren Strahlen nicht auf direkte optische Verbindung angewiesen sind und Telefongespräche sowie Fernschreib-Verbindungen in guter Qualität gewährleisten, dies alles zudem abhörsicher und durch die Vorwärtsstreustrahlung nicht ortbar. Dabei nutzt das Troposphärenfunk-System die Erdkrümmung aus, um die elektromagnetischen Signale in die Troposphäre, die niedrigste Schicht der Erdatmosphäre, zu strahlen, wo sie dann von der Gegenstelle aufgefangen werden können. Die Troposphäre ist unterschiedlich stark, an den Polen reicht sie im Sommer etwa 8 Kilometer hoch (im Winter 2 Kilometer weniger), am Äquator bis zu 16 Kilometer. Danach folgt bei 9 bis 18 Kilometern die Tropopause mit Temperaturen um minus 50 Grad Celsius. Sie bildet die Übergangszone zur nächst höheren Schicht, der wolkenfreien Stratosphäre (bis 50 Kilometer Höhe).

In der Troposphäre sind die wichtigsten lebenserhaltenden Elemente (etwa 90 Prozent der gesamten Luft sowie beinahe der gesamte Wasserdampf) der Atmosphäre enthalten. Dadurch können hier auch Richtstrahlen weitergeleitet werden, denn jede Änderung der Tem-

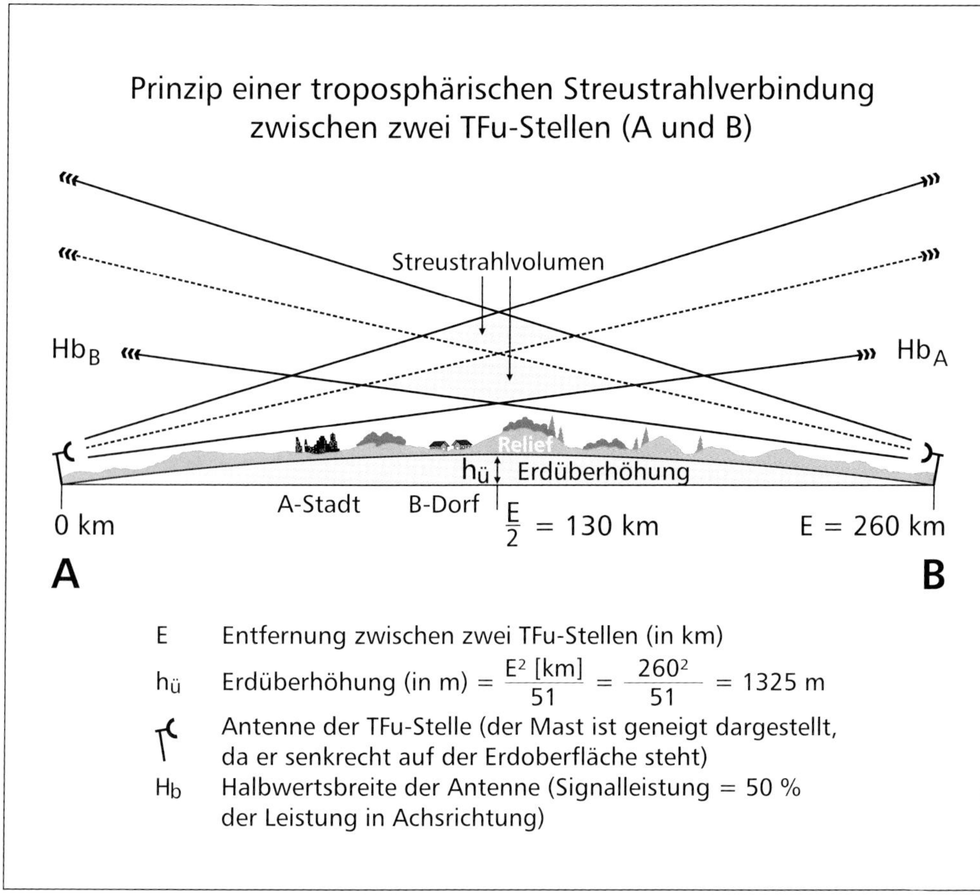

peratur, Luftfeuchtigkeit oder Dichte in diesem Teil der Erdatmosphäre lässt sich ausnutzten, um Partikel in Schwingungen zu versetzen. Diese erregten Teilchen tragen dann sozusagen die Botschaften, die in der Troposphärenfunk-Zentrale aufbereitet wurden, zum Empfänger weiter, der eine troposphärische Streustrahlverbindung herstellt, indem er diese Schwingungen mit seinen Geräten ansteuert und aufnimmt. Zusätzlich besteht die Möglichkeit, die Signale vom Sender aus nicht direkt in die Troposphäre zu strahlen, sondern zuerst von der Erdoberfläche reflektieren zu lassen, sofern geeignete Stellen erreichbar sind. Auf diese Weise lassen sich die möglichen Entfernungen zwischen Sender und Empfänger erhöhen. Aufgrund der Strahlungsintensität beim Troposphärenfunk wird dieses Verfahren jedoch zumeist in abgelegenen und sehr dünn besiedelten Gebieten genutzt, um Gesundheitsschäden bei Anwohnern zu vermeiden.

Nach einem Kernwaffenschlag würde durch die enorme Temperaturentwicklung auch die Troposphäre in Bewegung geraten, doch die sich dort bildenden Kondensgase böten dann ideale Refle-

Teilnehmer einer Schulung für das geschützte autonome Funksystem BARS der Warschauer Vertrags-Staaten in Uljanowsk (1984)

xionsmöglichkeiten für den Troposphärenfunk. Sender und Empfänger sind dabei gleichzeitig in Betrieb und stehen indirekt über die Begegnung in der Troposphäre in Verbindung. Diejenige Troposphärenfunk-Station, die beispielsweise auf der Frequenz A sendet, empfängt gleichzeitig auf der Frequenz B. Bei der Empfangsstation ist es dann genau umgekehrt. Etwa auf der Hälfte der Strecke zwischen Sender und Empfänger, im Fachjargon Funkfeld genannt, treffen sich zielgerichtet auf einen bestimmten Streuungswinkel die beiden Signale aus der Sende- und aus der Empfangsstation in einem rautenförmigen Gitter. Beim Empfänger kommen eingleisig 60, zweigleisig 120 Fernschreib- oder Fernsprechkanäle an. Diese konnten zeitgleich gesendet und empfangen werden. Schwächere oder verrauschte Signale werden unterdrückt, um eine möglichst hohe Qualität beim Empfang zu erzielen. Gesendet wird im 4 Gigahertz-Bereich über vier freistehende Antennen, die jeweils zu einem kompletten Troposphärenfunk-Gerätesatz gehören. Durch die Signalfilterung kommt beim Empfänger ein klares Endsignal zustande, das in seiner Qualität besser ist als bei einer üblichen Telefonverbindung über das kabelgebundene Festnetz.

Die Entscheidung für dieses abhörsichere Funksystem fiel nicht zufällig im Jahr 1980. Kurz zuvor, am 12. Dezember 1979, hatte die NATO ihren sogenannten Doppelbeschluss gefasst, wonach atomar bestückbare Mittelstreckenraketen vom Typ Pershing II und Cruise Missile in

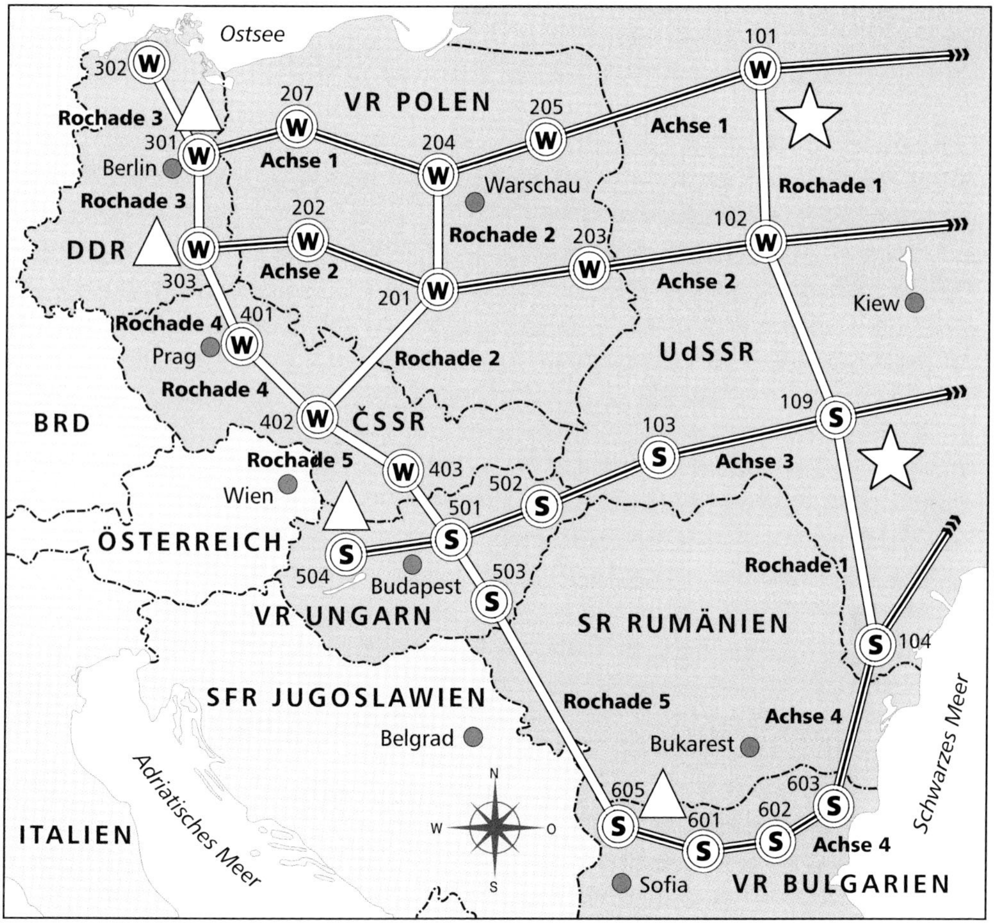

Nachrichtensystem BARS der ehemaligen Warschauer-Vertrags-Staaten

Legende

(W) Stütznachrichtenzentralen (StNZ) in Westrichtung

(S) Stütznachrichtenzentralen in Südwestrichtung

Achse

Rochade

☆ Führungspunkt BARS

△ Westlicher Führungspunkt der Achse

Die Troposphärenfunk-Zentrale 501 bei Budapest

den westeuropäischen Staaten stationiert werden sollten. Gleichzeitig wollte man aber auch mit der Sowjetunion über den Abbau von deren SS-20-Raketen verhandeln. Die Gefahr eines atomaren Schlagabtauschs in Europa war damit technisch deutlich näher gerückt.

Mit dem Troposphärenfunk-System hätte man in einem solchen Fall Entfernungen von 200 Kilometern problemlos überbrücken können. Zudem waren dafür keine aufwändigen Relaisstellen auf Bergkuppen mit enttarnend hohen Masten erforderlich, sondern man konnte unter Einsatz weniger Sicherheitskräfte aus gebunkerten unterirdischen Anlagen heraus mit vergleichsweise niedrigen Antennen operieren. Auch das Abhören war so gut wie ausgeschlossen, denn um in den Austausch der beiden Funkstationen eindringen zu können, hätte man nicht nur deren Frequenzen kennen, sondern auch über die gleichen, streng geheimen Gerätschaften verfügen und diese in entsprechender Distanz positionieren müssen. Selbst aus der Luft schien eine Überwachung unmöglich: Ein entsprechendes gegnerisches Spezialflugzeug hätte über feindlichem Territorium mehrere Stunden lang in einem bestimmten Planquadrat kreisen müssen, um an der Schnittstelle von Sender und Empfänger die Daten aufnehmen zu können.

Anfang der 1980er Jahre gab es noch einen weiteren Grund, ein neues autonomes Nachrichtennetz innnerhalb des östlichen Militärbündnisses aufzubauen:

Der Aufschwung der Solidarnoscz-Opposition in Polen machte das Land zwischen der Westgrenze des Ostblocks in der DDR und der Militärzentrale in der Sowjetunion politisch unkalkulierbar. Es wurde nach Wegen gesucht, im Falle einer politischen Instabilität in Polen die Nachschubwege und Nachrichtenverbindungen zur DDR sichern zu können. Zum einen entstand dafür eine direkte Seebrücke mit den neu gebauten Fährhäfen in Mukran auf der Insel Rügen und in Klaipeda in der damaligen Sowjetrepublik Litauen, über die jederzeit größere Truppenverbände hätten verlegt werden können. Parallel dazu wurden zwei streitkräfteeigene Seekabel zwischen Kaliningrad und Ahlbeck (Usedom) verlegt. Sie wurden von der 6. Nachrichtenbrigade der Sowjetarmee betrieben, die dem Generalstab der Streitkräfte der UdSSR direkt unterstand.

Das BARS-System war schließlich ein dritter Schritt zur militärischen Autonomie. Dem 1980 gefassten Beschluss zur Errichtung des Systems folgten bis zur Inbetriebnahme im Dezember 1988 mehrere zweiseitige Konsultationen zwischen der UdSSR und der DDR, an denen Militärs und Techniker beteiligt waren. Das System war offiziell in zwei Zonen unterteilt, die westliche mit der UdSSR, Polen, der ČSSR und der DDR, wozu 15 Troposphärenfunk-Zentralen gehörten, und in die südwestliche Zone, zu der die UdSSR, Ungarn, Rumänien und

BARS-Plakette mit den Flaggen der beteiligten osteuropäischen Staaten sowie einer stationären und einer mobilen Troposphären-Funkstation

Bulgarien mit insgesamt 11 Troposphärenfunk-Zentralen gehörten.[21]

Beide Zonen waren so miteinander vernetzt, dass im Falle einer Unsicherheit in Polen die Nachrichten aus der DDR über die südwestliche Verbindung via ČSSR und Ungarn in die sowjetische Zentrale gelangt wären. Auch Rumänien musste über Bulgarien umgangen werden, da das Land aus außen- und wirtschaftspolitischen Gründen nicht am BARS-Netzwerk teilnahm. Die lange Strecke zwischen Ungarn und Bulgarien war nur zu überbrücken, indem die Richtfunkstrecken mit weniger Leistungskraft arbeiteten, was einen Verlust von zwei Dritteln der Kapazitäten zur Folge hatte.

Die insgesamt 26 Troposphärenfunk-Zentralen innerhalb des BARS-Netzes lagen in einem Abstand von jeweils 180 bis 200 Kilometern, wohingegen zivile Richtfunknetze alle 50 Kilometer eine Zwischenstation benötigen. Drei dieser Nachrichtenknotenpunkte lagen auf dem Territorium der DDR, die auch deren Bau finanzierte. Die Standorte befanden sich im brandenburgischen Wolsickendorf-Wollenberg bei Bad Freienwalde (TFZ 301, genannt die Berliner Zentrale), im sächsischen Königsbrück-Röhrsdorf (TFZ 303, die Dresdner Zentrale) und im mecklenburgischen Eichenthal (TFZ 302, die Rostocker Zentrale). Letztere war die jüngste von ihnen und wurde nötig, um den Hauptgefechtsstand der Volksmarine in Tessin-Drüsewitz besser an das Nachrichten-Verbindungsnetz des Warschauer Vertrages anzubinden. Sie bildete den nordwestlichsten Außenposten von BARS und war von besonderer strategischer Bedeutung, da über sie alle Informationen zu maritimen Kampfhandlungen am Eingang zur Ostsee laufen sollten, was für die Baltische Rotbannerflotte von existenzieller Bedeutung gewesen wäre.

Die Troposphärenfunk-Zentralen in der DDR, die 301 in Wollenberg, die 302 in Eichenthal und die 303 in Königsbrück, wurden 1986 in Betrieb genommen, allerdings nur zwei Mal in der Woche zu Probezwecken »hochgefahren«. In die operative Nutzung gingen alle drei Objekte erst 1989. Der Untergang der DDR begann sich zu diesem Zeitpunkt schon abzuzeichnen, die Sowjetunion wollte aber über alle Entwicklungen in ihrem westlichen Außenposten aktuell informiert sein und legte daher Wert auf stabile Nachrichtenverbindungen.

Die Troposphärenfunk-Zentrale von Eichenthal ist als unterirdische, gebunkerte und kampfstoffsichere Schutzanlage errichtet worden. In der offiziellen DDR-Terminologie hieß das »Spezialbauwerk«, im Russischen wurde es Dolgowremennoje oboronitelnoje sooruschenje (dauerhafte Verteidigungsanlage) genannt.[22] Derartige Bunker haben eine lange Tradition in der Militärgeschichte, doch spätestens in den Kriegen des 20. Jahrhunderts wurde offenbar, dass im Wettlauf zwischen Verteidigern und Angreifern zumeist die Offensivkräfte gesiegt haben. Das defensive Sich-Einbunkern kann die Kampfhandlungen zwar etwas verlängern, bringt aber kaum strategische Vorteile. Für den Personenschutz, für Führungsstäbe und Nachrichtenzentralen sind sie noch von Bedeutung, als Festungsbauwerke zur Verteidigung von Kampflinien haben

System BARS auf dem Territorium der ehemaligen DDR

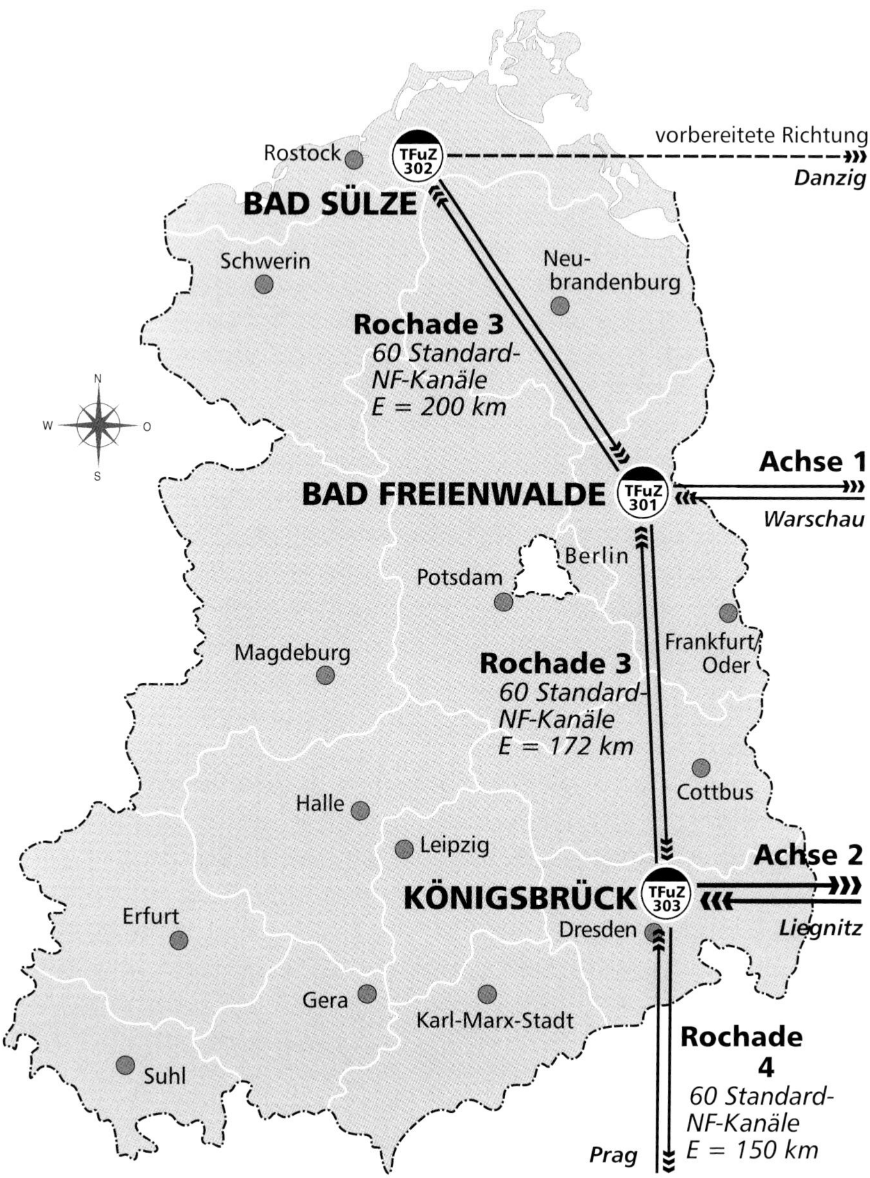

NF Niederfrequenz
E Entfernung

0 50 100 km

Achse 1
Richtung Warschau
60 Standard-NF-Kanäle · E = 200 km
Achse 2
Richtung Liegnitz
120 Standard-NF-Kanäle · E = 175 km

sie im Zeitalter des Luftkrieges dagegen längst ausgedient.

Weltweit gibt es heutzutage noch immer schätzungsweise 10 000 Bunker, doch die Entwicklung von lasergestützten Spezialbomben, so genannten »Bunkerknackern«, die in der Lage sind, Betonstärken von über fünf Metern zu durchschlagen, lassen den Sinn solch aufwändiger Gebäude immer zweifelhafter erscheinen. Dies wurde unmittelbar nach dem Ende des Warschauer Vertrages während des ersten Irak-Krieges noch einmal deutlich. Dort wurde am frühen Morgen des 13. Februar 1991 ein Schutzbunker getroffen, in dem über 1000 Zivilisten Zuflucht gesucht hatten. Zwei US-amerikanische Spezialbomben durchschlugen nacheinander an der gleichen Stelle die drei Meter dicke Stahlbetondecke (ähnlich stark wie beim legendären »Führerbunker« in Berlin), wobei mindestens 400 Menschen den Tod fanden.[23] Der Bunker ist inzwischen zu einer Nationalen Gedenkstätte umgestaltet worden. Im Irak handelte es sich jedoch »nur« um einen konventionellen, keinen nuklearen Bombenangriff. Angesichts dieser Entwicklungen wird deutlich, dass auch der Bunker Eichenthal gegen die Waffen der neuen Generation keine Chance gehabt hätte, wenn man ihn enttarnt hätte.

Heute gilt das Interesse führender Militärs daher vor allem unterirdischen Tunnelstrukturen von Bergbauanlagen und natürlichen Höhlenkomplexen, die wenigstens 20 Meter unter der Erde liegen. Doch die Angreifer sind dabei, auch hier nachzuziehen. Für das US-Militär waren bis 2009 zunächst Forschungsmittel in Höhe von 484,7 Millionen Dollar eingeplant, um kleinere atomare RNEP-Bomben (Robust Nuclear Earth Penetrator) zu entwickeln, die auch solche Anlagen tief in der Erde zerstören können.[24] Der US-Kongress stimmte dem im Oktober 2005 aber nicht zu, weshalb das Programm zunächst zurückgestellt wurde. Es bleibt aber das erklärte Ziel der Regierung Bush, alternative nicht-nukleare »Bunker Buster« in großer Zahl anzuschaffen.[25]

Die NVA hat sich während der gesamten Zeit ihres Bestehens auch mit dem Bunkerbau befasst, da man sich von westlicher Seite bedroht fühlte und ein Rollback befürchtete, also eine gewaltsame Revidierung der europäischen Nachkriegsordnung.

Formal gegründet wurde die NVA 1956 in einer Hochphase des Kalten Krieges, nachdem zuvor Bundeswehr und NATO entstanden waren. In der Präambel des Gründungsgesetzes heißt es entsprechend: »Der Schutz der Arbeiter-und-Bauern-Macht, der Errungenschaften der Werktätigen und die Sicherung ihrer friedlichen Arbeit sind elementare Pflicht unseres demokratischen, souveränen und friedliebenden Staates. Die Wiedererrichtung des aggressiven Militarismus in Westdeutschland und die Schaffung der westdeutschen Söldnerarmee ist eine ständige Bedrohung des deutschen Volkes und aller Völker Europas.«[26] Nach dem Abschluss des Grundlagenvertrages mit der Bundesrepublik 1972 las sich dies in der revidierten Verfassung der DDR von 1974 schon etwas moderater. In dieser werden in den Artikeln 6 und 7 die Grundprinzipien der Streitkräfte wie folgt aufgeführt: unwiderrufliche Verbundenheit mit der UdSSR und der sozialistischen Staatengemeinschaft, Unterstützung der Staaten, Völker und Befreiungsbewegungen im Kampf um ihre Befreiung vom Imperialismus, Anerkennung des Prinzips der friedlichen Koexistenz und Eintreten für eine stabile Weltfriedensordnung und die Abrüstung.[27]

Die NVA galt neben der Sowjetarmee als die leistungsfähigste und modernste Armee innerhalb des Warschauer Vertrages. Sie war aber auch die einzige Armee im Ostblock, die nicht wirklich Herr im eigenen Hause war, denn auf dem heimischen Territorium standen meist doppelt so viele sowjetische wie eigene Truppen. Zum Ende der DDR 1989 waren etwa 400 000 Angehörige der Gruppe der Sowjetischen Streitkräfte in Deutschland (GSSD) in der DDR stationiert.[28] Die obersten Ränge im Vereinten Kommando des Warschauer Vertrages blieben zudem ausschließlich sowjetischen Generälen vorbehalten, die in Strausberg bei Berlin über eigene Wohnsuiten verfügten. Sie sorgten auch dafür, dass die NVA als einzige Armee des Warschauer Vertrages keinen »Generalstab« bekam, sondern bis zu ihrem Ende mit einem »Hauptstab« zufrieden sein musste, obwohl die DDR-Führung in dieser Angelegenheit mehrfach in Moskau vorstellig geworden war.

Mit der Deutschen Einheit endete am 2. Oktober 1990 um 24 Uhr auch die Existenz der Nationalen Volksarmee.[29] Seitdem streiten sich Historiker, Militärs und Politiker über diese Armee, die sich aus der Weltgeschichte verabschiedet hat, »ohne dass dabei ein Schuss gefallen ist«. Manche halten das für einen Beleg dafür, dass die NVA, wie es ihr Name besage,

NVA-Offizier (rechts) und Westberliner Polizist bei Öffnung der Berliner Mauer im November 1989 am Potsdamer Platz

eben doch eine »Armee des Volkes« gewesen wäre – schließlich hätten die Soldaten und Offiziere im Herbst 1989 nicht auf das demonstrierende Volk geschossen.[30] Andere verweisen dagegen auf den hohen Grad der Militarisierung der ostdeutschen Gesellschaft und die Instrumentalisierung der Armee für die parteipolitischen Ziele der SED, was gegen eine demokratische Verfasstheit spreche.[31]

Führende Vertreter der Bundeswehr sprechen den ehemaligen Offizieren der Nationalen Volksarmee nach wie vor ab, den gleichen Beruf wie sie selbst ausgeübt zu haben, weshalb ihnen auch untersagt worden ist, den Zusatz a. D. (außer Diensten) hinter ihrem ehemaligen Dienstgrad zu führen. In der Zentralen

Dienstvorschrift 10/1 der Bundeswehr vom 16. Februar 1995 heißt es ausdrücklich, »dass die aufgelöste Nationale Volksarmee für die Bundeswehr keine Tradition stiften kann«. Eine sachlich ausgewogene und angemessene Auseinandersetzung mit der zweiten deutschen Armee des Kalten Krieges benötigt offenbar noch einige Zeit.

Während die Angehörigen der NVA mehrheitlich entlassen und nur zu einem geringen Teil in die Bundeswehr übernommen wurden und heute im öffentlichen Leben keine Rolle mehr spielen, sind viele bauliche Hinterlassenschaften erhalten geblieben und bilden markante Punkte in der ostdeutschen Landschaft. Vielerorts verfallen sie, an einigen Stellen gibt es länderspezifische Konversionsprogramme, an einzelnen Orten engagieren sich Vereine und Einzelpersonen dafür, die militärische Geschichte museal zu dokumentieren. Dies betrifft auch Objekte der Fernmeldetruppe, wie etwa zwei von drei verbliebenen Troposphärenfunk-Zentralen, darunter die in Eichenthal.

Aufgabe der Nachrichtentruppen jeder Armee ist es, die »Kommunikation unter den Kämpfenden, die Verbindung zwischen der Kampftruppe und der mittleren und oberen Führung« herzustellen und aufrechtzuerhalten.[32] Bei der Arbeit dieser Einheit »knallt es nicht, es raucht und stinkt nicht. Dass sie vorhanden ist, merkt man erst, wenn etwas nicht funktioniert.«[33]

Die Geschichte dieser Nachrichtentruppen reicht zurück bis in die Mitte des 19. Jahrhunderts. Die erste große Telegrafenlinie zwischen der Königlich-Preußischen Residenz in Potsdam und den Rheinischen Provinzen in Koblenz wurde vom preußischen Militär betrieben und war nicht für die Öffentlichkeit gedacht. In der Deutschen Wehrmacht gab es dann unter Fritz Erich Fellgiebel als Inspekteur der Nachrichtentruppen beim Oberkommando eine eigene Truppengattung, die schnell wuchs. Waren es in der Reichswehr 1921 nur insgesamt 13 Offiziere, 4 Beamte sowie 237 Unteroffiziere und Mannschaften, dazu 223 Pferde, 51 Wagen und 40 Kraftfahrzeuge, nicht zu vergessen die sechs Brieftauben-Ställe, die es pro Nachrichten-Abteilung gab, so hatten die Nachrichtentruppen 18 Jahre später, zu Beginn des Zweiten Weltkriegs, eine Gesamtstärke von 100 Divisions-Nachrichten-Abteilungen mit einer Belegschaft von etwa 1500 Offizieren und 45 800 Mannschaftsdienstgraden (inklusive der Unteroffiziere). Dazu kamen noch weitere Nachrichten-Abteilungen und -Regimenter bei den einzelnen Armeen und Heeresgruppen wie die Horch-Kompanien der Funkaufklärung, selbstständige Feldfernkabelbau-, Fernsprechbetriebs- und Fernsprechbaukompanien sowie vierzehn Nachrichten-Ersatzabteilungen.[34] Im Jahr 1944 trugen 200 000 Mann die gelbe Waffenfarbe. Diese Farbe wurde sowohl von den Nachrichtentruppen der NVA als auch von den Fernmeldetruppen der Bundeswehr übernommen.

Innerhalb der Militärstrukturen des Warschauer Vertrages führte man die Fernmeldetruppen zunächst als »Nachrichten- und Flugsicherungstruppen«, auf Russisch: Wojska swjasi i obespetschenja besopasnosti poletow.[35] Sie gehörten zu den Spezialdiensten wie auch

Funkmast einer sowjetischen Nachrichteneinheit auf der Ostsee-Halbinsel Wustrow zwischen Rostock und Wismar (Aufnahme von 2003)

die Aufklärungstruppen, Pioniertruppen, Truppen der chemischen Abwehr und die Rückwärtigen Dienste und hatten ihre eigenen Organisations- und Verwaltungsstrukturen, unabhängig von den traditionellen Waffengattungen der einzelnen Teilstreitkräfte, den Landstreitkräften (Heer), den Luftstreitkräften/Luftverteidigung sowie der Volksmarine. Chef der Verwaltung Nachrichten innerhalb der Nationalen Volksarmee war von 1975 bis 1990 Generalleutnant Dr. Walter Paduch, der zuletzt auch die Position eines Stellvertretenden Chefs des Hauptstabs bekleidete.[36] Zum 1. Dezember 1988 gab es noch einmal eine Umstrukturierung. Die Einheiten Nachrichten, Automatisierung der Truppenführung und Funkelektronischer Kampf wurden beim Chef Nachrichten zusammengefasst. Zu den Nachrichten- und Flugsicherungstruppen gehörten somit: »die 2. Nachrichten-Brigade mit Standort Niederlehme im Kreis Königs Wusterhausen bei Berlin; die Regimenter bzw. Einrichtungen mit Regiments-Status in den Standorten Strausberg, Ludwigsfelde, Oschatz, Waldsieversdorf/Buckow, Fünfeichen/Neubrandenburg, Leipzig, Döbeln und Bad Sülze bei Tribsees; 22 selbständige Nachrichten- und Nachrichten-/Flugsicherungsbataillone sowie Bataillone

Funkelektronischer Kampf; 20 selbständige Kompanien; die Zentralstelle für Schaltung und Betrieb des Sondernetzes 1 (Strausberg) mit 15 Schalt- und Betriebszentralen (SBZ) in den Bezirken und der Hauptrichtfunkzentrale (Hpt. RfuZ); die Funkelektronische Kontrollzentrale (FEKoZ) in Forst; die Militärtechnische Schule der Nachrichtentruppe (MTS -N-) Frankfurt/Oder; mehrere Spezialeinrichtungen wie das Institut für Automatisierung der Truppenführung (IAT) in Dresden und diverse Organisations- und Rechenzentren; die Nachrichten- und Flugsicherungswerkstätten und -lager (NFWL, NGL) und die Instandsetzungs- und Versorgungsbasis (IVB) für die Rechen- und Automatisierungstechnik sowie die militärischen Organe im Bereich der Deutschen Post.« [37]

Während die NVA-Nachrichtentruppe in den Anfangsjahren vor allem mit Trophäen der Roten Armee aus dem Gerätebestand der Deutschen Wehrmacht und gebrauchten Apparaten der Sowjetarmee auskommen musste, verfügte sie in den 1980er Jahren über modernes Gerät aus einheimischer und osteuropäischer Produktion. Zur fortgeschrittensten Technologie, die besonderer Geheimhaltung unterlag, gehörte der Troposphärenfunk, der im Alltagsbetrieb der NVA jedoch nur von geringer Bedeutung war, da er vorrangig Aufgaben innerhalb der militärischen Strukturen des Warschauer Vertrages zu erfüllen hatte. Zu Friedenszeiten unterstanden die drei Objekte dem Chef Nachrichten beim Hauptstab der NVA in Strausberg. Die direkte Führung lag beim Nachrichtenregiment 2 in Niederlehme bei Königs Wusterhausen, benannt nach dem kommunistischen Widerstandskämpfer gegen das NS-Regime und späteren SED-Diplomaten Fritz Große (1904–1957). Im Kriegs- oder Verteidigungsfall wäre der Generalstab der Streitkräfte der UdSSR und ab 1984 der Stab des Oberkommandierenden der vereinten Streitkräfte auf dem Westlichen Kriegsschauplatz (Dienstsitz im Frieden Legnica/Liegnitz in Polen, Einsatzgefechtsstand im Kriegsfall Falkenhagen bei Frankfurt/Oder) die zuständige Führungsstelle gewesen.

Gewartet und unterhalten wurden diese Objekte von der NVA, die auch für die ständige Einsatzbereitschaft verantwortlich war. Um das geheime System vor frühzeitiger Enttarnung durch den Westen zu schützen, wurden die Anlagen bis zum Mai 1990 nur zwei Mal in der Woche in Betrieb genommen, obwohl ein Dauerbetrieb für die Geräte besser gewesen wäre.

Geheime Technologie unter der Erde

Die Troposphärenfunk-Zentrale 302

Die drei Troposphärenfunk-Zentralen der NVA gehörten neben dem Regierungs-Sondernetz S 1 zu den geheimen Kommunikations-Netzwerken der DDR. Sie waren zugleich die jüngste und modernste nachrichtentechnische Errungenschaft der ostdeutschen Militärs. Als Führungssysteme standen sie gewissermaßen über bzw. zwischen den einzelnen Teilstreitkräften der NVA. Sie waren so ausgelegt, dass sie zugleich als Stütznachrichtenzentrale funktionierten, indem sie als Schalt- und Betriebsnetz der oberen Führungsebene verschiedene Stäbe, Gefechtsstände und Führungsstellen mit Nachrichten versorgten. Im militärischen Ernstfall hätten weitere Einheiten der NVA zugeschaltet werden können, und die Verbindung zu den Vereinten Streitkräften des Warschauer Vertrages wäre über den Troposphärenfunk gewährleistet worden.[38]

Vorlage für die nahezu baugleichen Objekte 301, 302 und 303 war ein sowjetisches Wiederverwendungsprojekt vom 10. Januar 1984, das für alle Staaten des Warschauer Vertrages galt. Danach war das Gesamtobjekt in eine Unterkunftszone (U-Zone) und eine technische Zone mit innerem Sicherheitsbereich (P-Zone) unterteilt. Zur P-Zone gehörte ein zweistöckiger, unterirdischer Sonderbau, der auf der oberen Etage in erster Linie die Fernmeldeanlagen und auf der unteren Ebene die Bauwerkstechnik enthielt.

Den kleinen Weiler Eichenthal der früheren Gemeinde Langsdorf (heute Lindholz) wählte man 1983 als Standort für das Objekt 302 aus, da sich hier in abgelegener Gegend ein für die Tarnung nützlicher Laubwald befand und der Einsatzbunker der Volksmarine in der Nähe war, der sich über unterirdische Kabel gut vernetzen ließ. Zur weiteren Tarnung wurde noch ein schnell wachsender Nadelwald angelegt, der noch heute das äußere Erscheinungsbild des Geländes prägt. 850 Bausoldaten aus dem Bernauer Ingenieur-Bauregiment 2 »Augustin Sandtner« – benannt nach einem KPD-Abgeordneten, der 1944 von der SS im KZ Sachsenhausen erschossen wurde – errichteten bis 1987 den Bunker und die dazugehörigen Bauten an der Oberfläche. Der Rohbau des Tiefbunkers wurde im August 1985 fertiggestellt, im Februar des Folgejahres montierten russische Spezialisten die Troposphärenfunk-Anlagen. Nach der Fertigstellung im September wurde der Bunker vom 1. bis zum 3. Oktober 1986 einer »komplexen Funktionsprobe« unterzogen. Hierbei wurde die Anlage mit voller Besatzung in allen Betriebsweisen von einer Prüfungskommission getestet. Am 17. November desselben Jahres wurde das Objekt offiziell seinem Nutzer, der NVA, übergeben. Die Troposphärenfunk-Stationen in Wollenberg und Königsbrück waren bereits 1985 fertig gestellt worden. Doch bis das Troposphärenfunk-System insgesamt seinen Betrieb aufnahm, dauerte es noch bis 1989.

Obgleich die Materialtransporte in der Regel nachts stattfanden, blieben die Bauarbeiten in dem kleinen Waldstück der benachbarten Bevölkerung nicht verborgen. Als dann auch noch damit begonnen wurde, die Trebel auszubaggern und wieder schiffbar zu machen und Soldaten in den blauen Uniformen der Volksmarine auftauchten, ging in der Region das Gerücht um, hier werde ein geheimer U-Boot-Hafen errichtet.

1987 ging der Bunker in die weitere Erprobungsphase, und es fanden regelmäßig Dichtigkeitsprüfungen statt – das Bauwerk sollte ja sowohl gegen atomare Strahlungen als auch gegen biologische

Die 17 Hektar große Liegenschaft der Eichenthaler Troposphärenfunk-Zentrale war komplett durch einen Außenzaun, eine 5000-Volt-Hochspannungsanlage und einen Innenzaun gesichert

und chemische Kampfstoffe hermetisch abgeriegelt werden können. Mit dem Einbau der Technik war im Februar 1986 auch die Einführung eines neuen Sicherheitssystems erfolgt. Zum Betreten der inneren Betriebsräume benötigte man fortan einen Sonderausweis.

Das Sicherheitssystem auf dem Gelände war mehrfach gestaffelt. Nach außen hin schirmte ein dreifacher Zaun das Objekt ab, der in seiner Mitte von einer Hochspannungssicherungsanlage mit 5000 Volt durchzogen war. Beim Betreten der Bunkeranlage gab es dann eine zweite Kontrolle. Für jeden Sicherheitsbereich waren gesonderte Stempel und Siegel erforderlich. Zu den 60 Personen Stammbesatzung in Friedenszeiten gehörten 45 Militärangehörige – darunter in der Regel 5 Offiziere, 10–15 Fähnriche, 5–10 Berufsunteroffiziere und 15 Unteroffiziere auf Zeit – sowie 15 Zivilangestellte im oberen Bereich. Die Militärs hatten 24-Stunden Schichten zu leisten, jeweils um 7 Uhr morgens erfolgte die Ablösung.

Für den Fall eines Angriffs auf das Objekt gab es ein genau ausgearbeitetes Konzept für den dafür zuständigen Sicherungszug, das am 24. April 1989 von Korvettenkapitän Koller und Oberleutnant Kotermann noch einmal per Befehl präzisiert wurde und in den Beständen des Bunkerarchivs Eichenthal überliefert ist.

Vertrauliche Verschlußsache,
VVS. Nr. B 1/0875 290
Nationale Volksarmee, Dienststelle 302,
Befehl Nr. 19/89 des Leiters über den Einsatz des Sicherungszuges (...)

Unser Sicherungszug, eingesetzt zur Sicherung des Objektes Eichenthal, handelt als selbstständige Einheit. Unser Zug bezieht laut Verteidigungsschema Stellung und baut die Stellungen mit der Aufgabe aus, gegnerische Kräfte aufzuklären, Angriffe gegnerischer Kräfte und Diversanten abzuwehren, dem Gegner hohe Verluste zuzuführen und eine Annäherung und Einbruch in das Objekt Eichenthal nicht zuzulassen.

Unser Zug baut dazu eine Verteidigungslinie mit Stellungen, Deckungen und Unterständen auf. Die Feuerstellungen sind mit örtlichen Materialien und Netzen zu tarnen. Anzulegen sind Baum-, Mienen und Drahtsperren. Wechselfeuerstellungen und Verbindungsgräben sind auszubauen und wie die Hauptfeuerstellungen zu tarnen. Die Schusssektoren Haupt- und Wechselfeuerstellungen sind laut Verteidigungsschema anzulegen. (...)

Abschnitte der Feuereröffnung: RPG (Panzerfaust): Beim Überfahren der OP 1 und OP 104, sowie bei Annäherung an OP 44, und OP 53, durch gegnerische gepanzerte Technik.

LMG (Leichtes Maschinengewehr): Bei Annäherung gegnerischer Infanterie. Aufgeklärte Kräfte und Mittel des Gegners sind zu vernichten.

Das Feuer ist auf meinen Befehl zu führen. Es ist eine Rundumverteidigung aufzunehmen. (...)

Der Pioniertechnische Ausbau (PTA) der Verteidigungslinie erfolgt ent-

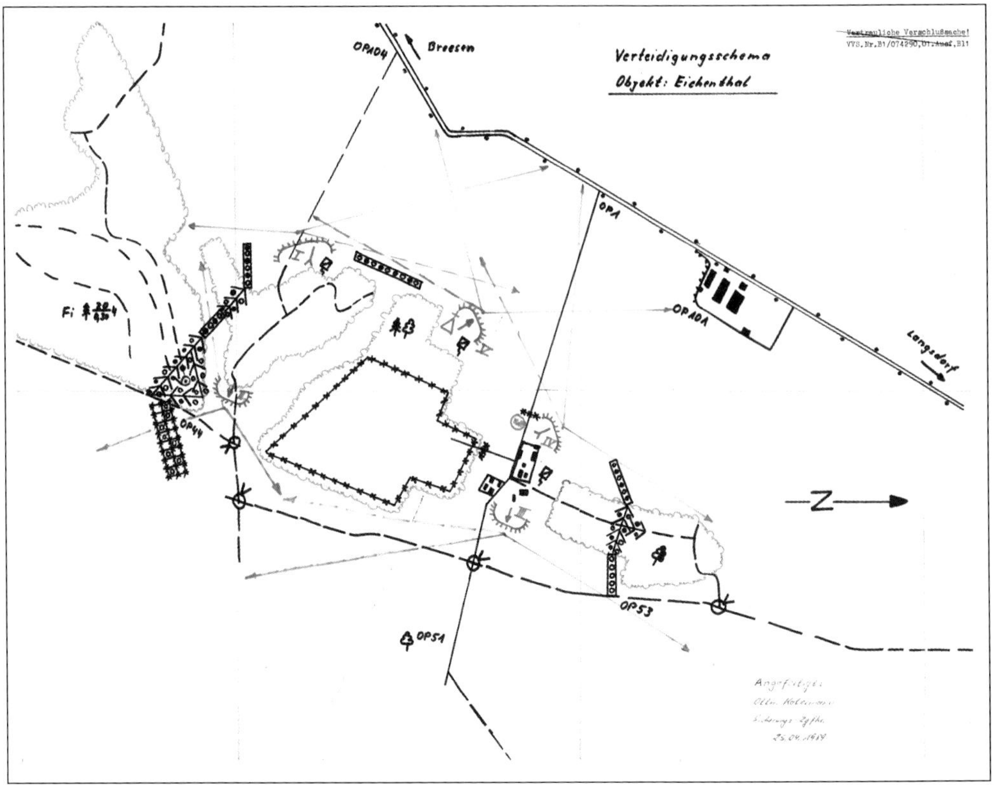

Schematischer Verteidigungsplan des Sicherungszuges für das Objekt Eichenthal (April 1989)

sprechend der Skizze und der Befehle des Zugführers des Sicherungszuges. Im Verteidigungszustand werden die Brücken, Übergänge über die Gräben und die Schieber an den wichtigsten Punkten gesprengt. Das Gelände wird durch die Flutung für die Kampftechnik (Panzer, SPW, LKW) unpassierbar gemacht. Im Westen des Objektes liegt landwirtschaftliche Nutzfläche. Hier ist ein Angriff mit gepanzerter Technik möglich. Es sind Stellungen zu bauen, deren Flanken mit gemischten Minenfeldern zu sichern sind. Im Süden und Norden liegen Waldgebiete. Eine Sicherung erfolgt hier durch Anlegen von verminten Bausperren, Einzelminen und gedeckte Ladungen. Die Waldränder am Ende der Baumsperren werden mit Minenfeldern und Drahtsperren gesichert. Der Tiefbrunnen wird durch verminte Baumsperren gesichert. Am Deckel ist eine gedeckte Ladung gegen unbefugtes Öffnen anzubringen. Der Posten Alt Stassow ist durch den Bau von Stellungen und gemischten Minenfeldern zu sichern.

Für die Pionierarbeiten am Objekt Eichenthal werden insgesamt 1050 Stunden benötigt, am Objekt Alt Stassow 130 Stunden. Zeiteinteilung: 14 Std. Arbeit/ 8 Std. Schlaf/ 14 Std. Arbeit/ 8 Std. Schlaf/ 14 Std. Arbeit/ 8 Std. Schlaf/ 6 Std. Arbeit. Effektive Arbeitszeit pro Mann: 48 Std. (…)

Im Kampfraum ist mit dem Einsatz von MVM (Massenvernichtungsmitteln, gemeint sind Atombomben), ChKs (Chemischen Kampfstoffen), und B-Waffen (Biologischen Waffen) zu rechnen. (…) Bei Wahrnehmung des Lichtblitzes in Deckung gehen und Warnung auslösen! Sekunden vom Zeitpunkt des Lichtblitzes bis zum Eintreffen der Druckwelle zählen. Entfernung nach folgender Formel ermitteln: Entfernung = gezählte Sekunden x 3 (km). Zeitpunkt der Detonation notieren, Art der Detonation visuell feststellen: ob Erddetonation oder Luftdetonation. Detonationsstärke ermitteln: Bestimmen des Erhöhungswinkels der Detonationswolke, nachdem sie ihre maximale Steighöhe erreicht hat (Bestimmung mittels Höhenwinkelmesser), Tangenswert des Winkels aus Tabelle 1 bestimmen, Berechnung der Steighöhe nach nachfolgender Formel: Steighöhe = Entfernung in km x Tangens des Erhöhungswinkels (km), Ablesen der Detonationsstärke aus Tabelle 2. (…)

Maßnahmen zur Beseitigung von Schäden nach der Entwarnung: Feldspaten im gesamten Personalbestand am Mann; in jedem Unterstand befindet sich Schanzzeug; in jedem überdeckten Grabenabschnitt ist ein Pionierspaten vorhanden; bei Verschüttung der Unterstände befreit sich der Personalbestand selbst; nach Feststellung der Schäden befehlen die GF (Gruppenführer) die Personenzahl zur Instandsetzung; Rest des arbeitsfähigen Personalbestandes wird durch GF auf Stellungen und Grabenabschnitte aufgeteilt; in den befohlenen Abschnitten sind die Geschädigten zu bergen und Schäden zu beseitigen.

Ob nach einem Atomschlag Zeit bleibt, die Detonationsstärke mit Tangenswinkeln und Tabellen zu berechnen, und ob die Verschütteten sich tatsächlich selbst befreien können bzw. die Überlebenden die aufgetretenen Schäden mit Feldspaten zu beseitigen vermögen, darf ernsthaft bezweifelt werden.

Während der Sicherungszug das Eindringen feindlicher Kräfte verhindern sollte, gab es im oberirdischen Bereich noch eine weitere Einsatzgruppe, die für das Weiterfunktionieren der unterirdischen Nachrichtenzentrale nach einem Bombenangriff zuständig war. Sie sollte die eventuell zerstörten Antennenanlagen ersetzen. Zu diesem Zweck gab es in unmittelbarer Nachbarschaft zum Eingang des Zugangstunnels zum Tiefbunker einen eingeschossigen befestigten Bau mit fünf in oliv-grüner Tarnfarbe gestrichenen Einfahrten. Hier war die Gefechtsreserve untergebracht, darunter die mobilen Ersatzantennen für das Troposphärenfunksystem. In der Kammer Nr. 5 des wuchtigen Garagenbaus befand sich eine Kettenraupe, die im Bedarfsfall die zerstörten Antennen von ihren Fundamenten geschoben hätte. Ersatzantennen aus den benachbarten Kammern hätten diese dann binnen 20 Minuten ersetzen sollen.

Der zweigeschossige Tiefbunker selbst war so ausgeführt, dass er eine mögliche Atombombendetonation aushalten sollte. Das kompakte Bauwerk hat eine Grundfläche von rund 30 x 30 Metern und eine Höhe von 9,30 Metern. Die unterirdische Troposphärenfunk-Zentrale hätte resistent zu sein sollen gegen die auflaufende Druckwelle einer Kernwaffendetonation von bis zu 250 kg je cm^2, gegen betonbrechende Bomben von 250 kg, gegen

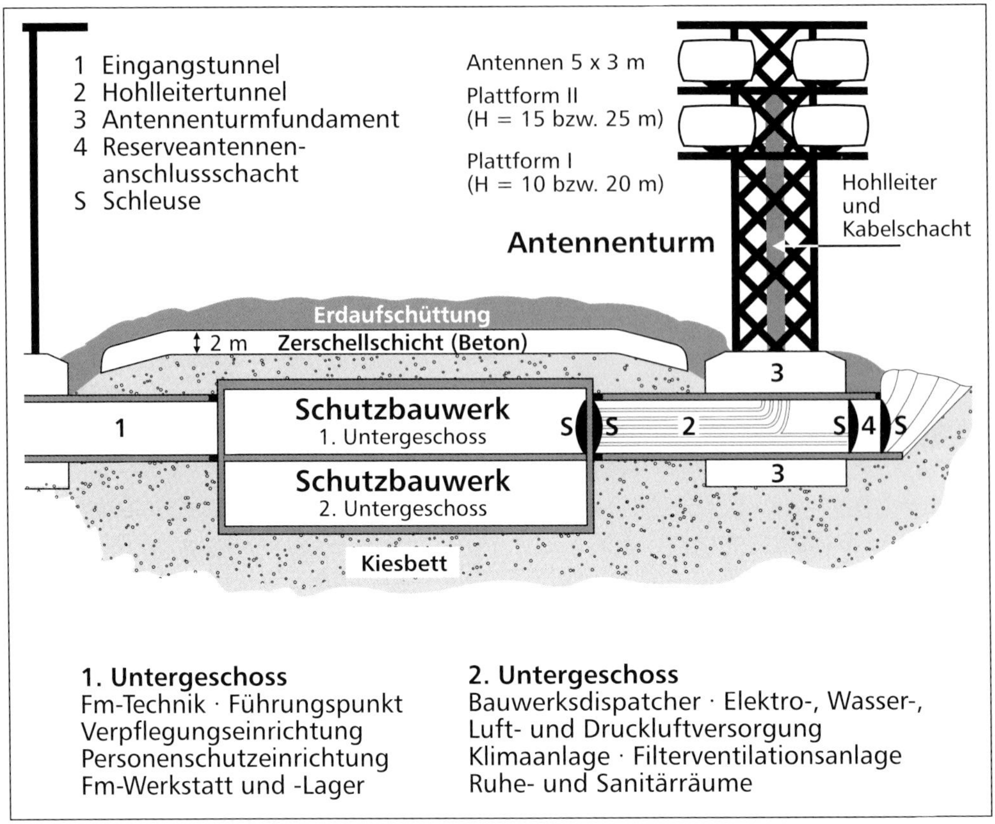

Splitter-Sprengbomben bis 500 kg, gegen chemische und biologische Kampfstoffe sowie gegen Flamm- und Brandmittel.

Dazu waren sie knapp 5 Meter unter der Erde platziert und abgesichert durch eine Schutzdecke von durchschnittlich 0,75 m (in Bauwerksmitte von 1,35 m Dicke), eine Zwischenschicht von 1,05 m und eine Zerschellschicht aus Stahlbeton von 1,60 m. Die auf der Zwischenschicht »schwimmende« Zerschellschicht überragte das kapitale Bauwerk um 3,60 m bis 12,00 m und war nochmals mit einer Bodenschicht von mindestens 0,60 m abgedeckt.

Oberhalb der Bunkeranlage gab es den Tarnbau, über den zum Beispiel die Wärme gekühlt abgeleitet werden konnte, um so eine Enttarnung durch feindliche Infrarotaufnahmen zu verhindern. Außerdem dienten sie der Verzerrung bzw. Verwischung der Konturen des Baukörpers gegenüber der Luftaufklärung.[39]

Das »Investitionsvorhaben 16/8402« des VEB Projektierungsbüros Süd in Dresden war laut den Bauunterlagen (Geheimen Verschlusssache Nr. B 496 984)[40] so ausgelegt, dass ein »komplexer Schutz vor Vernichtungsmitteln durch das Zusammenwirken aller technologischen und konstruktiven Schutzmaßnahmen gewährleistet« sein sollte. Dazu gab es neben der Ausrüstung für den Normalbetrieb (Betriebsweise I) mit Strom- und

Wasserversorgung aus den Landesnetzen noch zusätzliche Einbauten für einen autonomen Betrieb mit Eigenversorgung (Betriebsweise II und III). Sie waren im Wesentlichen im 2. Untergeschoss des Bunkers installiert.

Das Dresdner Projektierungsbüro war ursprünglich ein Unterbereich des VEB Industrieprojektierungen, der unter anderem am ersten Forschungsreaktor der DDR in Rossendorf und beim Bau des Flugzeugwerks am Dresdener Flughafen Klotzsche mitwirkte. Nach Gründung der NVA lagerte man die Abteilung dann in einen eigenständigen Betrieb aus. Er beschäftigte handverlesene Spezialisten, auf der Leitungsebene Träger von militärischen Dienstgraden, allesamt Geheimnisträger höherer Stufen, denn hier wurde der Bau von militärischen Sondervorhaben auf dem gesamten Gebiet der DDR planerisch vorbereitet.[41]

Doch den erfahrenen Spezialisten unterlief im Fall von Eichenthal ein schwerwiegender Fehler. Die Baupläne wurden bei diesem Objekt nämlich nicht wie üblich genordet, sondern versehentlich gesüdet. Auf diese Weise kam der Haupteingang des Bunkers auf die falsche Seite. Dieser Irrtum wurde aber erst bemerkt, als bereits die Grundfundamente gegossen waren, weshalb nachträglich ein unterirdischer Gang von 180 Metern Länge um die Hälfte des Gesamtbauwerks herumgeführt werden musste. Hier hindurch wurden dann auch die Dieseltankleitungen zu den Generatoren gelegt, die man an den Übergangsstellen teilweise aus flexiblem Material fertigte, damit bei größeren Erschütterungen nach einer atomaren Druckwelle oder sonstigem Bombardement keine Risse auftreten.

Um das Eindringen von Kampfstoffen zu verhindern, gibt es am eigentlichen Eingang zum Bunker am Ende des langen Ganges eine Hauptschleuse und Dekontaminierungskammern. Ein spezieller Schleusenkommandant war dafür zuständig, den komplizierten Einschleusevorgang zu überwachen, wofür es eine penible Ordnung gab.[42]

Schleusenordnung

Die Eingangsschleuse hat die Aufgabe, das Spezialbauwerk (SB) vor dem Eindringen und Einschleppen von Massenvernichtungswaffen (MVW) zu schützen.

Der Schutz wird dadurch erreicht, dass die das Bauwerk betretenden Personen einzeln im Gegendruckgefälle die von Frischluft durchspülten Räume der Eingangsschleuse nach dem Schleusenprinzip passieren. Dabei unterziehen sie sich einer vollständigen Spezial- und sanitären Behandlung. Neben dieser Behandlung werden im Schleusenbereich erste medizinische Behandlungsmaßnahmen durchgeführt. Der Tausch der befallenen Oberbekleidung, Wäsche, Schuhe und Ausrüstungsgegenstände wird vorgenommen.

Einer sanitären Behandlung haben sich alle Personen zu unterziehen, die in der Betriebsweise II (BW II) das Bauwerk betreten, sowie alle Personen, die aus solchen Abschnitten kommen, in denen eine der BW II entsprechende KCB-Lage vorliegt. (…)

Personen, bei denen Verdacht auf Infektion durch biologische Aerosole besteht, dürfen unter KEINEN UMSTÄNDEN in das SB eingeschleust werden. Die Durchlassfähigkeit beträgt

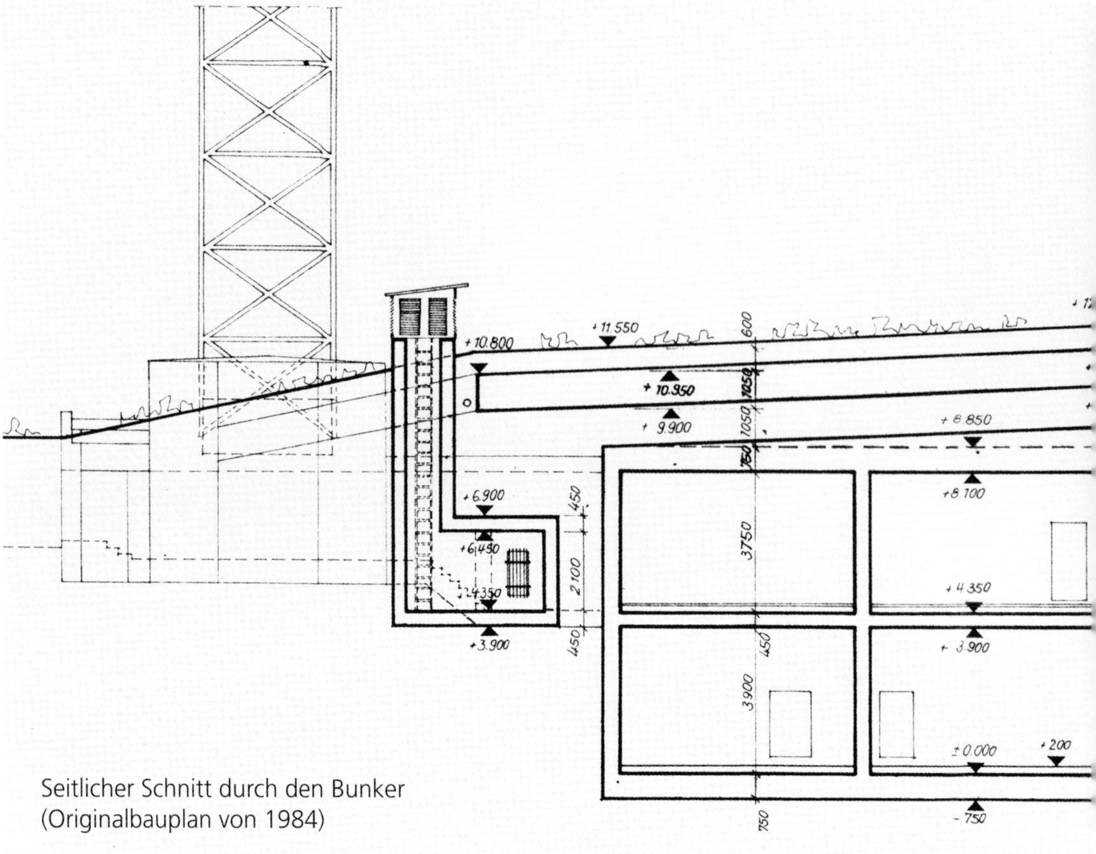

Seitlicher Schnitt durch den Bunker
(Originalbauplan von 1984)

für das Einschleusen während der BW II 4–5 Personen pro Stunde. Das Ausschleusen in der BW II ist nicht limitiert. Für die Realisierung eines ordnungsgemäßen Schleusenvorganges ist der Schleusenkommandant (SK) verantwortlich.

Im Ernstfall wäre auf die Betriebsweise I (Normallüftung) und die Betriebsweise II (Schutzlüftung) noch die Betriebsweise III (vollständiger Verschlusszustand, Hermetisierung) gefolgt. Die lufttechnischen Anlagen waren so ausgelegt, dass maximal 30 Personen im Zustand des völligen Abschlusses, also ohne jeden Luftaustausch mit außen, 24 Stunden lang hätten überleben können.[43] Mit Schutzlüftung hätte es die Mannschaft in dieser U-Boot-ähnlichen Lage etwa 30 Tage aushalten können, soviel Vorräte und Treibstoff waren zumindest eingelagert.

Aufgabe der so Eingeschlossenen wäre es gewesen, über den Troposphärenfunk die Verbindung zu den Führungsstäben weiter östlich zu halten, über die Ereignisse in der Kampfzone zu berichten und eintreffende Nachrichten weiterzuleiten. Dazu mussten aus dem Bunker die Spiegel auf den oberirdischen Antennenmasten gesteuert, ihre Winkligkeit verändert

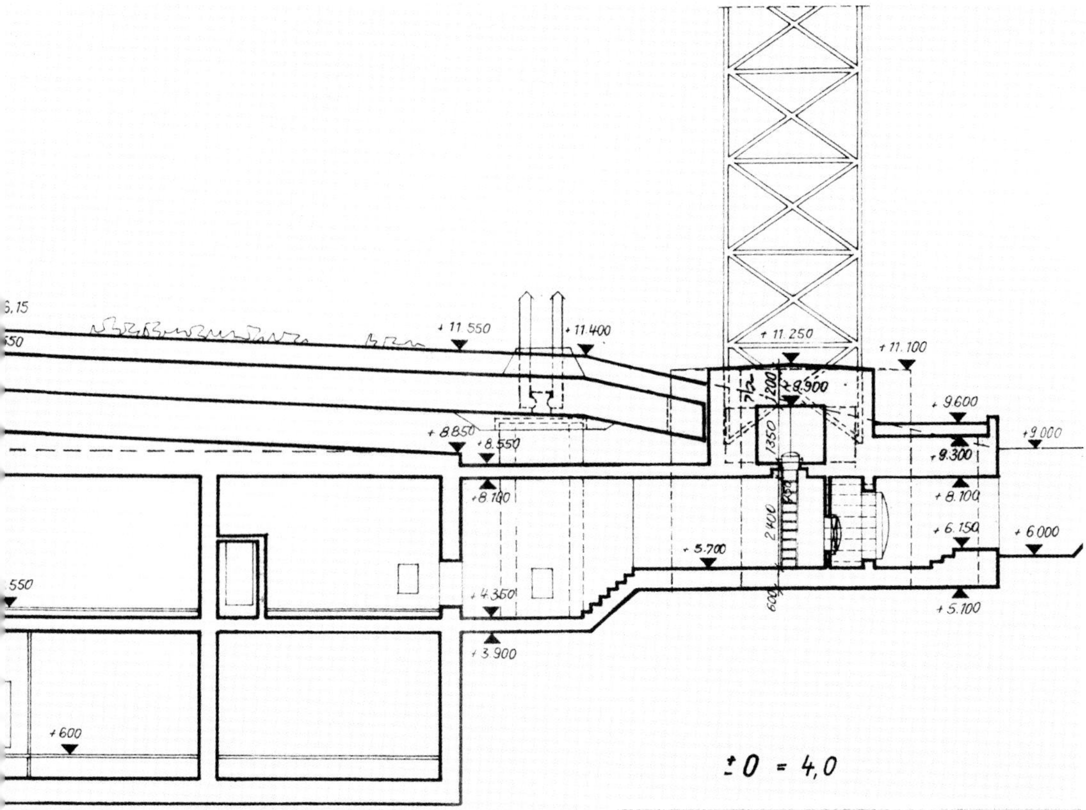

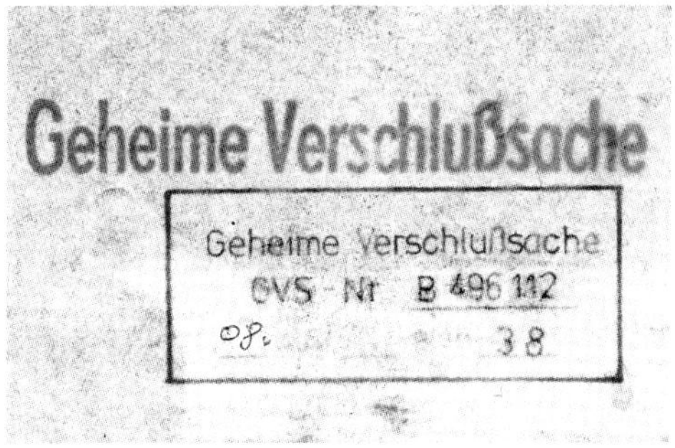

werden. Da die Troposphäre instabil ist und sich je nach Wetterlage verschiebt, müssen auch Troposphärenfunk-Spiegel entsprechend neu justiert werden, um die kommunizierende Gegenstelle zu erreichen.

Die Impulse im 4-Giga-Hertz-Bereich wurden in den Sendeschränken von elektronischen Klystronen-Röhren erzeugt und dann über Hohlraumresonatoren weitergeleitet. Sie waren innen mit Silber beschlagen und in Kautschuk gebettet. Die PVC-Hohlleiter, die aus dem Bunker hinaus zu den Antennenfundamenten führten, wurden aus Sicherheitsgründen zusätzlich noch unter einen gewissen Gasdruck gesetzt, so dass man bei Druckabfall sofort eine Beschädigung und damit eine Störung des Funksignals erkennen und eine Reparatur einleiten konnte.

Der hochkomplizierte Troposphärenfunk-Gerätesatz Baget 417 S, kurz »Komplekt« genannt, kostete Ende der 1980er Jahre rund 17 Millionen Verrechnungsrubel.

Zisternen mit je 100 m³ Fassungsvermögen für Brauchwasser

Aus dem Bunker ragen bis heute heraus – Abluftrohre der Senderkühlung, ein Notausstieg und Luftansaugschächte

Luftbild des Waldgeländes rund um die ehemalige Troposphärenfunk-Zentrale 302 (2005)

Ortseinfahrt Eichenthal, rechts im Wald befindet sich das einstige Militärgebiet (2005)

Die wenigen Häuser Eichenthals sind mehrheitlich neu gedeckt und modernisiert (2005)

Eingangsbereich zum heutigen Bunkermuseum mit dem ehemaligen Wachgebäude (2005)

Sozialgebäude rechts an der Objektstraße (2005)

Hochbunker für die Gefechtsreserve, dahinter befindet sich der Eingang zum Bunkertunnel (2006)

Zugangstunnel zum atombombensicheren Nachrichtenbunker (2006)

Hauptschleuse vom Zugangstunnel ins Bunkerinnere im 1. Untergeschoss (2006)

So wurde der Bunker geflutet. Aus abgeschlagenen Ventilköpfen sprudelte das Wasser herein.

Durch die starke Feuchtigkeit wucherte Wurzelgeflecht

Raum des Bauwerksdispatchers im 2. UG während des Auspumpens (2005)

Dreikolbenverdichter im gefluteten Raum der Presslufttanks (2005)

Erste Erkundung in der Kammer des Grobstaubfilters, 2. UG (2005)

Überleben auf engstem Raum

Die oberirdischen und unterirdischen Anlagen

Oberirdische Anlagen

U-Zone:
Man erreicht das Militärische Sonderobjekt 302 über einen Weg, der am Buswendeplatz der kleinen Siedlung Eichenthal beginnt. Den ersten Hinweis auf die frühere militärische Nutzung gibt die Trafostation rechts neben dem Weg, die einst das gesamte Objekt mit Strom versorgte. Weiterhin fällt die Hochspannungssicherungsanlage auf. Nach außen hin wurde die Anlage, an die eine Spannung von 5000 Volt angelegt wurde, zusätzlich durch einen Stacheldrahtzaun gesichert; ein weiterer Zaun diente als innerer Schutz. Es mussten also zwei Tore passiert werden, um auf das Gelände zu gelangen. Die Toranlage war somit eine Art Schleuse, in der man während der Einlasskontrolle eingesperrt war; die Wachposten behielten dadurch die volle Kontrolle. Fand kein Einlass statt, wurde ein Wachhund zwischen den Toren laufen gelassen.

Als Wachgebäude diente das mit grüner Tarnfarbe und Leopardenflecken gestrichene Bauwerk mit vergitterten Fenstern auf der rechten Seite des Weges. Es war rund um die Uhr mit zwei bewaffneten Hundeführern, Zivilangestellten der NVA, besetzt. Vom Verzicht auf Uniformen versprach man sich bessere Geheimhaltung. Das Haus auf der gegenüberliegenden Seite wurde als Garagen- und Abfallgebäude genutzt. Wiederum auf der rechten Seite schließt sich ein größeres Gebäude mit einem höheren Schornstein an. Der Keller dieses sogenannten Sozialgebäudes beherbergt die Braunkohleheizung, darüber befanden sich die Küche, die zur Betriebszeit der Anlage die 70 hier beschäftigten Personen verpflegte, der Speisesaal, der auch als Kulturraum genutzt wurde, Duschen, Toiletten, Umkleide- und Aufenthaltsräume.

Das kleine würfelähnliche Gebäude auf der anderen Straßenseite diente als Schaltpunkt. Aus seinem Keller wurden die aus dem Bunker kommenden Fernmeldekabel nach Böhlendorf, Bad Sülze und in den Marinestabsbunker Tessin weitergeleitet. Ein weiteres Kabel verband über die Zwischenstation Bad Sülze die Anlage mit der Marinefunksendestelle in Marlow. Der Schaltpunkt ermöglichte auch innerhalb des Objektes ein Umschalten auf duplierte, also in mehrfacher Ausführung vorhandene Kabel, beispielsweise nach Kabelstörungen durch Artillerietreffer.

Auf der rechten Seite folgt das ca. 5 Meter zurückgesetzte Stabsgebäude. Baugleich mit dem Sozialgebäude, befanden sich hier unter anderem die Waffenkammer, ein Versammlungsraum, das Büro des Objektkommandanten und die VS-Stelle, in der Verschlusssachen wie geheime Akten und Pläne brandgeschützt und alarmgesichert gelagert wurden.

Gegenüber dem Stabsgebäude sieht man das Wasserwerk mit dem davor liegenden ca. 1,50 Meter tiefen Absetzbecken, auf dessen Grund sich zunächst die Schwebstoffe des Wassers sammeln sollten. Das Wasserwerk wurde frostsicher ausgeführt und beherbergte die Filtersätze für die Reinigung und Enteisung des Wassers aus dem objekteigenen Brunnen im benachbarten Wald. Neben dem Wasserwerk fallen zwei Hügel ins Auge. Unter ihnen befinden sich die Zisternen, die jeweils 100 Kubikmeter Brauchwasser fassen. Zwischen den Zisternenhügeln liegt das Pumpenhaus.

In den zwei kleinen Garagen auf der gegenüberliegenden rechten Straßenseite stand zur Zeit der militärischen Nutzung der Anlage die Brandbekämpfungstech-

Eingangsgelände mit Unterkunftsbereich (U-Zone)

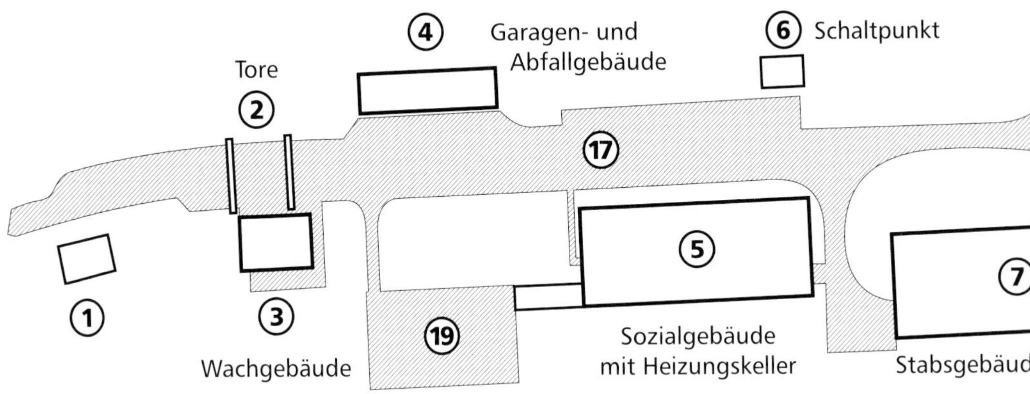

1
Trafostation
2
Tore
3
Wachgebäude
4
Garagen- und Abfallgebäude
5
Sozialgebäude mit Heizungskeller
6
Schaltpunkt
7
Stabsgebäude
8
Wasserwerk
9
Zisternen
10
Pumpenhaus
11
Garagen für Löschtechnik
12
Waschrampe
13
Wartungshalle
14
Fasslager
15
Kläranlage
16
Tor zum Bunkergelände (P-Zone)
17
Betonstraße
18
Schotterweg
19
Braunkohlelagerpl heute Parkplatz

nik der Löschgruppe. An diese Garagen schließt sich ein betonierter Platz an, an dessen Ende die Waschrampe für die Großtransporttechnik steht. Jenseits des Betonplatzes gelangt man zur Wartungshalle mit drei großen Toren. Hier wurden die im Hochbunker stationierten Fahrzeuge der Gefechtsreserve gewartet, beispielsweise die Kettenraupe und die Fahrlafetten für die Ersatzantennen. Hinter dieser Halle standen von 1983 bis 1987 die Unterkunftsbaracken für die 850 Bausoldaten, die zur Errichtung der Anlage hier stationiert waren. Die Leichtbaubaracken wurden abgerissen, nur noch die Fundamente sind vorhanden.

Überquert man den Betonplatz mit der Waschrampe und die Straße, gelangt man zu einem langgestreckten Gebäude mit sechs Toren – das Fasslager, in dem in entsprechenden Regalen Schmiermittel, Säuren und Treibstoffe aufbewahrt wurden. Unmittelbar hinter dem Fasslager zweigt von der Straße ein Querweg nach

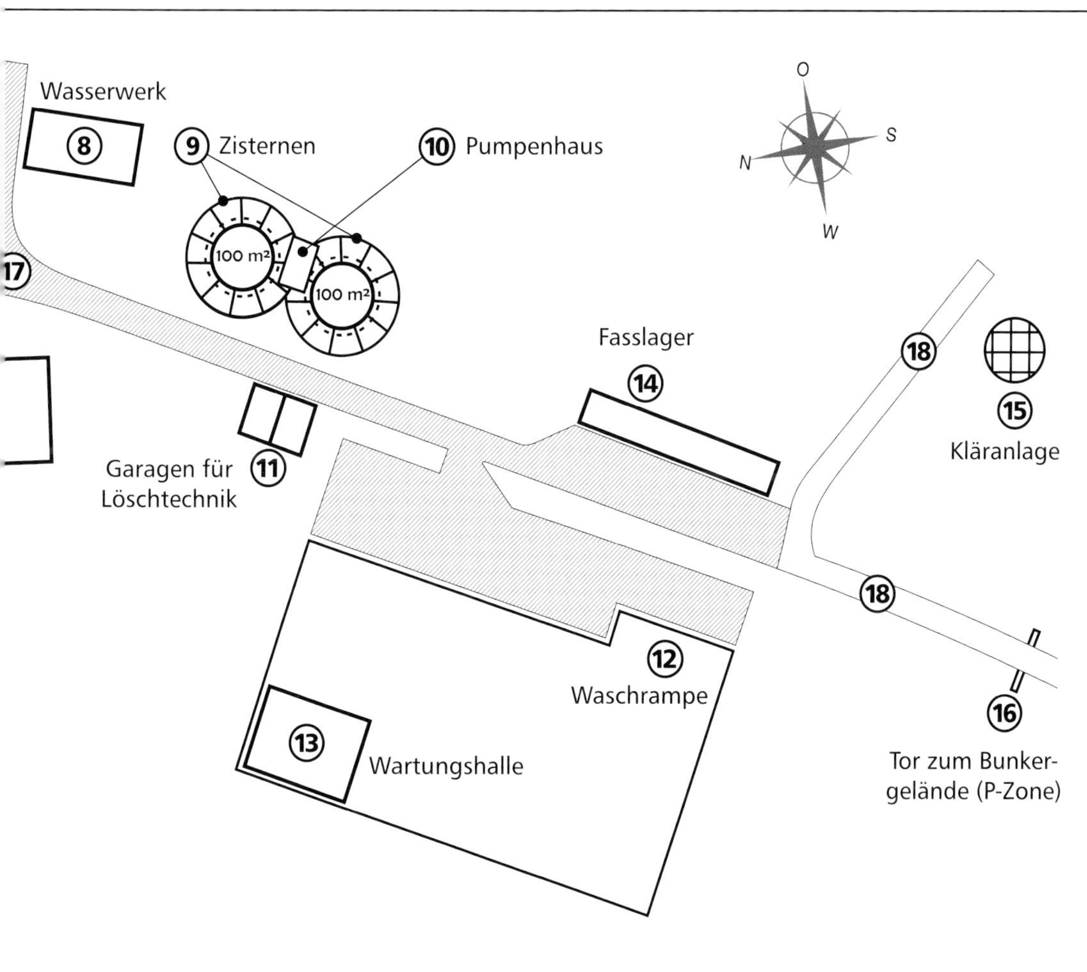

Blick von der Waschrampe in Richtung Sozialgebäude, links die Wartungshalle (2006)

links ab. Dieser führt zur objekteigenen Kläranlage.

Zehn Meter hinter dem Punkt, an dem die betonierte Hauptstraße in einen geschotterten Weg übergeht, steht man vor einem zweiten Tor. Es markierte die Grenze zwischen der U-Zone (Unterkunftszone) und der P-Zone (Parkzone), in der sich Hoch- und Tiefbunker befinden. Zu NVA-Zeiten war hier ein weiterer Wachposten stationiert, der sicherstellte, dass nur befugten Personen, die über einen Zusatzstempel in ihren Ausweisen verfügten, Zutritt zur Kernzone der Anlage gewährt wurde. Warum die innere Zone dieser und vergleichbarer Bunkeranlagen als P-Zone bezeichnet wurde, ist umstritten. Eine Theorie besagt, dass sich der Begriff »Parkzone« durchsetzte, da in diesem Bereich häufig Garagen errichtet wurden, um die Konturen der eigentlichen Bunker zu verdecken.

P-Zone:
Nach wenigen Metern erreicht man den Hochbunker auf der rechten Seite des Weges. Jedes der fünf riesigen Tore an seiner Front wiegt 3,8 Tonnen. Dahinter befinden sich Kammern von 25 Metern Länge und 4 Metern Breite. In der fünften Kammer stand die Kettenraupe, die im Falle eines Angriffs auf die Anlage die zerstörten Antennen von ihren Fundamenten schieben sollte. Daraufhin hätten sich die übrigen vier Tore geöffnet und die Reserveantennen wären auf Fahrlafetten zu ihren Standorten gelenkt worden – auch nach einem Atomschlag hätten sich also Soldaten in Schutzanzügen an die verstrahlte Oberfläche begeben müssen.

Hinter der letzten Hochbunkerkammer erstreckt sich ein flacher Hügel in südwestliche Richtung. Unter ihm befindet sich der Zugangstunnel zum

Bunker. Das Herzstück der Anlage, der zweigeschossige Tiefbunker mit einer Grundfläche von ca. 30 x 30 Metern, liegt östlich von diesem Tunnelgang unter der mit Pappeln bestandenen Fläche. An der Nordseite des Hügels sieht man in unmittelbarer Nachbarschaft zum Hochbunker eine Betonwand mit einem Eingangstor: der Tunnelmund, der zum Bunker herabführt. Der oberirdische Schotterweg umkreist eine Fläche von 100 x 100 Metern, unter deren Mitte sich der Tiefbunker befindet.

Begibt man sich zunächst auf das Bunkerdach, sieht man auf der Südostseite ein 28 x 12 Meter großes Bauwerk. Hierbei handelt es sich um ein Tarngebäude, das in raffinierter Weise zwei Funktionen erfüllte. Zum einen treten innerhalb des Gebäudes vier Schnorchelrohre aus dem Boden, durch die der gesamte Tiefbunker mit Frischluft versorgt wurde. Aus diesem Grund ersetzen auch Lamellen mit Maschendraht die Fenster. Zum anderen sollte das Gebäude Angreifer fehlleiten und so den Tiefbunker schützen. Zu diesem Zweck wurden leere Plastikrohre auf gut sichtbaren und über 2 Meter hohen Kabelstelzen aus dem Bauwerk heraus zu den Antennenfundamenten und den Antennenträgern geleitet: Die gegnerische Luftaufklärung sollte glauben, dass sich die Sendetechnik in diesem Gebäude befindet. Nach dem Kalkül der Planer hätte der militärische Gegner das Tarngebäude korrekterweise als Leichtbauhalle klassifiziert und dementsprechend leichte Waffen zu seiner Zerstörung gewählt. Diese hätten zwar das Tarngebäude zerstört, dem Bunker

Der Zugang zur inneren Bunker-Zone war mit einem weiteren Zaun und einem Kontrollposten gesichert; für das Betreten war eine Sondergenehmigung erforderlich (2005)

Gelände um den Tiefbunker (P-Zone)

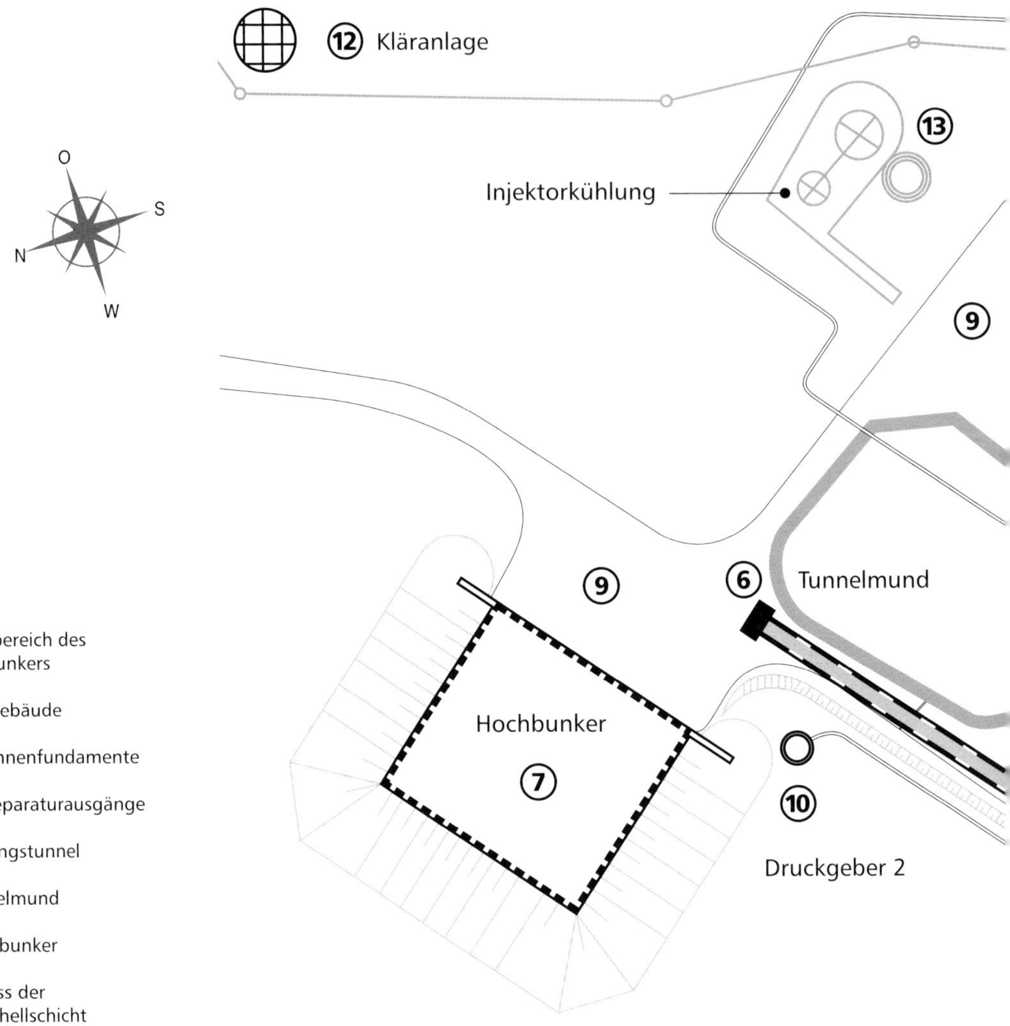

1
Kernbereich des Tiefbunkers
2
Tarngebäude
3
Antennenfundamente
4
Notreparaturausgänge
5
Zugangstunnel
6
Tunnelmund
7
Hochbunker
8
Umriss der Zerschellschicht
9
Schotterweg
10
Druckgeber 1 - 4
11
Böschung
12
Kläranlage
13
Injektorkühlung

10
Druckgeber 1
Böschung
11
4
3
9
Druckgeber 4
10
2
3
4
9
1
3
3
4
Zugangstunnel
5
4
3
5 Zugangstunnel
9
8
Umriss der Zerschellschicht
Druckgeber 3
10

aber nichts anhaben können. Die Zerstörung der Hauptansaugleitungen wäre ein durchaus verschmerzbarer Verlust gewesen, da diese (wie alle anderen Systeme) in mehrfacher Ausführung vorhanden waren.

Mittig auf dem Bunkerdach stehend, sieht man im Südwesten und Nordosten je zwei große und vier kleinere Fundamente. Die kleineren verbergen die Zu- und Abluft der Senderkühlung, die größeren achteckigen waren die Fundamente der Antennenträger. Die Troposphärenfunk-Zentrale 302 verfügte über zwei Antennenträger. Jeder war 20 Meter hoch und hatte eine Grundfläche von 4 x 4 Metern. Allerdings war nur einer dieser Träger verkabelt und mit vier Hornstrahlern mit einer Größe von jeweils 4 x 5 Metern bestückt. Die Hohlleiter zur Signalübermittlung wurden von der Sendeeinheit über den Leitungsgang direkt durch das Antennenfundament in den Mast und zu den Schirmen geführt.

Jedes der Antennenfundamente verfügt an der am Weg gelegenen Außenseite über einen Notreparaturausgang. Die dazugehörigen Drucktüren befinden sich im unteren Bereich der ca. 6 Meter tiefen, mit Rasengitterplatten befestigten und mit einer Treppe versehenen Schüttungskegel an jedem Antennenfundament. Bei einer Funktionsstörung der Funktechnik im Gefechtsfall hätte ein Besatzungsmitglied den Befehl erhalten, sich im Vollschutzanzug auf dem kürzesten Wege zum Ursprungsort der Störung zu begeben und diese zu be-

Eingang zum Zugangstunnel, der bombengeschützt zur Bunkerschleuse führt (2005)

Tarngebäude mit eingehaustem Zugang zum Montageschacht des Bunkers (1990)

Öffnung des Hochbunkers (2004)

Einer der Notreparaturausgänge zu den Sendemasten wird freigelegt (2005)

heben. Der Rückweg über den Notreparaturausgang wäre dem betreffenden Soldaten jedoch verwehrt worden – hinter den Drucktoren befinden sich keine Dekontaminierungsanlagen. Er hätte also den Weg durch den 180 Meter langen Zugangstunnel nehmen müssen, um die Dekontaminierung (Entfernung gefährlicher Verunreinigungen) neben der Hauptschleuse zu durchlaufen. Im Falle des Einsatzes biologischer Waffen wäre das Besatzungsmitglied jedoch auch hier abgewiesen worden, da die Anlage über keine Dekontaminierungsmöglichkeit für B-Waffen verfügte. Der Zugangstunnel in Eichenthal verfügt im Gegensatz zu vergleichbaren Anlagen über einen Quergang, der es dem hinaus geschick-

Notreparaturausgang an einem Antennenfundament nach der Freilegung (2005)

ten Soldaten erlaubt hätte, relativ kurz vor der Hauptschleuse in der Nähe des Antennenfundaments den Tunnel zu betreten, anstatt an der Oberfläche bis zum Tunnelmund laufen zu müssen.

Auf dem Bunkerdach sieht man außerdem auf der nordwestlichen Seite vier weitere Fundamente. Die beiden äußeren dienten als Einstiege in die Gebäudedrainage, im rechten der beiden mittleren endet der Notausstieg aus der unteren Bunkerebene, und das links davon gelegene ist der Gebäudeabluftschacht, in den die Rohre der Batterie- und Gebäudefortluft münden. Rechts neben dem Notausstieg ragt ein einzelnes Rohr aus dem Waldboden – die Belüftung für den Transformatorenraum.

Der mit vier Hornstrahlern bestückte Antennenmast der Troposhären-Funkstation (1990)

Blick von einem der Antennenmaste nach Norden; links der Hochbunker, daneben der Zugangstunnel, im Hintergrund die U-Zone mit Wartungshallen und Garagen (1990)

Unterirdische Anlagen

1. Untergeschoss

Über den Tunnelmund gelangt man in den 180 Meter langen *Zugangstunnel* (1), der um die Hälfte des Bauwerks herumführt und seine Existenz allein der bereits erwähnten Unaufmerksamkeit einer Dresdner Bauzeichnerin verdankt: Da sie einen Bauplan bekannlich südete statt ihn wie üblich zu norden, musste der Tunnel nachträglich um den bereits im Entstehen begriffenen Bunker zur Hauptschleuse herumgeführt werden, damit zwischen Hoch- und Tiefbunker eine gedeckte und vor Beschuss sichere Verbindung zur Verfügung stand. Wäre der Fehler nicht unterlaufen, hätte man den Bunker also dennoch mit einem kurzen Zugangstunnel versehen.

Nach der vierten stumpfwinkligen Linkskurve zweigt auf der linken Seite ein Quergang ab. Er führt durch eine Eisentür zum Drucktor des Notreparaturausgangs desjenigen Fundaments, das zu NVA-Zeiten mit einem aktiven Antennenmast versehen war. Diese *Zugangsmöglichkeit nach Notreparaturen* (2), die den Rückweg zur Dekontaminierung und in den Bunker nach Reparaturarbeiten unter Gefechtsbedingungen bedeutend verkürzt hätte, stellt eine Besonderheit der Troposphärenfunk-Zentrale 302 dar, die vergleichbaren anderen Bunkeranlagen fehlt.

Nach weiteren 15 Metern fällt auf der rechten Seite durch den *Montageschacht* (3) Tageslicht in den Tunnel. In diesem Schacht hing früher ein Fahrkorb, der mit einer Laufkatze an einem eingesetzten T-Träger entlangbewegt wurde. Wäre ein Austausch schwerer und großformatiger Teile erforderlich gewesen, hätte die Bunkerbesatzung dies hier auf dem kürzesten Weg bewerkstelligen können. Zu Betriebszeiten wurde auch die Bunkerbesatzung, die 24-Stunden-Dienste leistete, über diesen Schacht mit Speisen versorgt. Aus dem Montageschacht kommend, befindet sich rechts ein *Lüftungsschacht* (4), der mit mehreren Membranklappen versehen ist. Bei diesen Bauteilen, die auch als KOD-Klappen (Abkürzung des russischen Fachbegriffs) bezeichnet werden, handelt es sich um zylindrische Öffnungen, die innen mit Lamellen versehen sind. Im Falle einer Explosion hätte die durch den Schacht hineinrollende Druckwelle die Lamellen in ihre Zylinder gepresst und so für einen ersten Druckverschluss gesorgt.

Vor der abschließenden Rechtskurve führt auf der linken Seite des Ganges eine halbhohe Öffnung in den *Pumpensumpf* (5), das Sammelbecken für das von der Pumpe zu fördernde Grundwasser, in das auch die Drainageleitungen mündeten. An dieser Stelle ist eine Fuge im Tunnel erkennbar: eine Sollbruchstelle, die verhindern sollte, dass die Erschütterung einer Detonation den Tunnel verschiebt und dieser den Bunker beschädigt. Blickt man an die linke obere Wandseite, sieht man, dass an dieser Stelle auch das an der Tunneldecke verlaufende massive Dieselbetankungsrohr durch ein Zwischenstück aus flexiblem Kupfergewebe ersetzt wurde. Dies sollte ein Reißen der Leitung bei schweren Erschütterungen und Verschiebungen verhindern.

Nach der Rechtskurve versperrt ein *Eisentor* (6) den weiteren Weg zur Schleuse. Auf der Außenseite gibt es we-

Öffnung eines verschütteten Notreparaturausganges (2005)

der Klinke, Knauf noch Schlüsselloch. Vor dem Tor ist eine Gegensprechanlage installiert; das Tor konnte nur vom Schleusenkommandanten durch einen elektrischen Mechanismus geöffnet werden. Am oberen Rand der Tür befestigte Kontrollschaltungen sorgten zudem dafür, dass der Bauwerksdispatcher (die für Bauwerksbetrieb und -koordination zuständige Person) durch ein Lichtsignal in seinem Dienstraum über die Türöffnung informiert wurde.

Weitere 8 Meter hinter diesem Tor steht man schließlich vor zwei Drucktoren – die Hauptschleuse ist erreicht. Das Tor in der Stirnseite des Tunnels führt in den Dekontaminierungsbereich und in die obere Rückkühlkammer, durch das linke Tor gelangt man in die aus vier Kammern bestehende *Hauptschleuse* (7) des Bunkers. Beide Drucktore sowjetischer Bauart wiegen je 3,5 Tonnen. Während man den Toren ihr Gewicht durchaus ansieht, übersieht man leicht ein wichtiges Detail: Die Tore sind mit einer umlaufenden Aluminiumlamelle versehen. Der Feuerball, der nach einer Kernwaffenexplosion möglicherweise durch den Tunnel herangerollt wäre, hätte eine Temperatur von 1700 Grad Celsius erreicht. Die Aluminiumlammellen sollten als Trennschicht verhindern, dass die Drucktore mit ihren Zargen verschmelzen, wodurch die Bunkerbesatzung eingeschlossen worden wäre.

Nach der peniblen Schleusenordnung (siehe S. 37 f.), deren Einhaltung der Schleusenkommandant überwachte, konnten in Betriebsweise II (Schutzlüftung) 4-5 Personen pro Stunde eingeschleust werden. Dies geschah nach folgendem Grundprinzip: Die Schleuse war nach dem Eintreten einer Person zunächst blockiert. Die Schotten ließen sich erst öffnen, nachdem die gegenüberliegende Seite verriegelt und ein Luftaustausch vorgenommen worden war. In der Zwischenzeit blieb man in den engen Kammern eingeschlossen. Der gegenüber der Außenwelt höhere Luftdruck im Bunker, die Sanitärbehandlungen und der vollständige Kleidungsaustausch sollten das Einschleppen von chemischen oder radioaktiven Kampfstoffen in den Bunker verhindern. Gegen biologische Kampfstoffe gab es keinen Schutz und somit auch keinen Einlass für Personen, die mit B-Waffen in Kontakt gekommen waren.

Tiefbunker · 1. Untergeschoss

7
Hauptschleuse
(4 Kammern)
8
Pumpenraum
9
Zugang zur
Filterkaskade
10
Schleusenkommandant
11
Dekontaminierung
13
Nachrichtenmittel-
betriebswerkstatt
14
Waffenkammer
16
Nachrichten-
kabeleinspeisung
19
Bunkerkommandant
20
Chiffrierräume des SND
21
Abfallraum
24
Vorratslager
27
Leitungsgang
28
Antennenplattform
29
Krankenraum
32
Einstieg
Gebäudedrainage
33
Notausstieg
34
Frischlufteinführung
(Senderkühlung)
mit Dublierungsrohr
35
Rückkühlanlage
36
Lüfterraum
⊠
Membranklappe

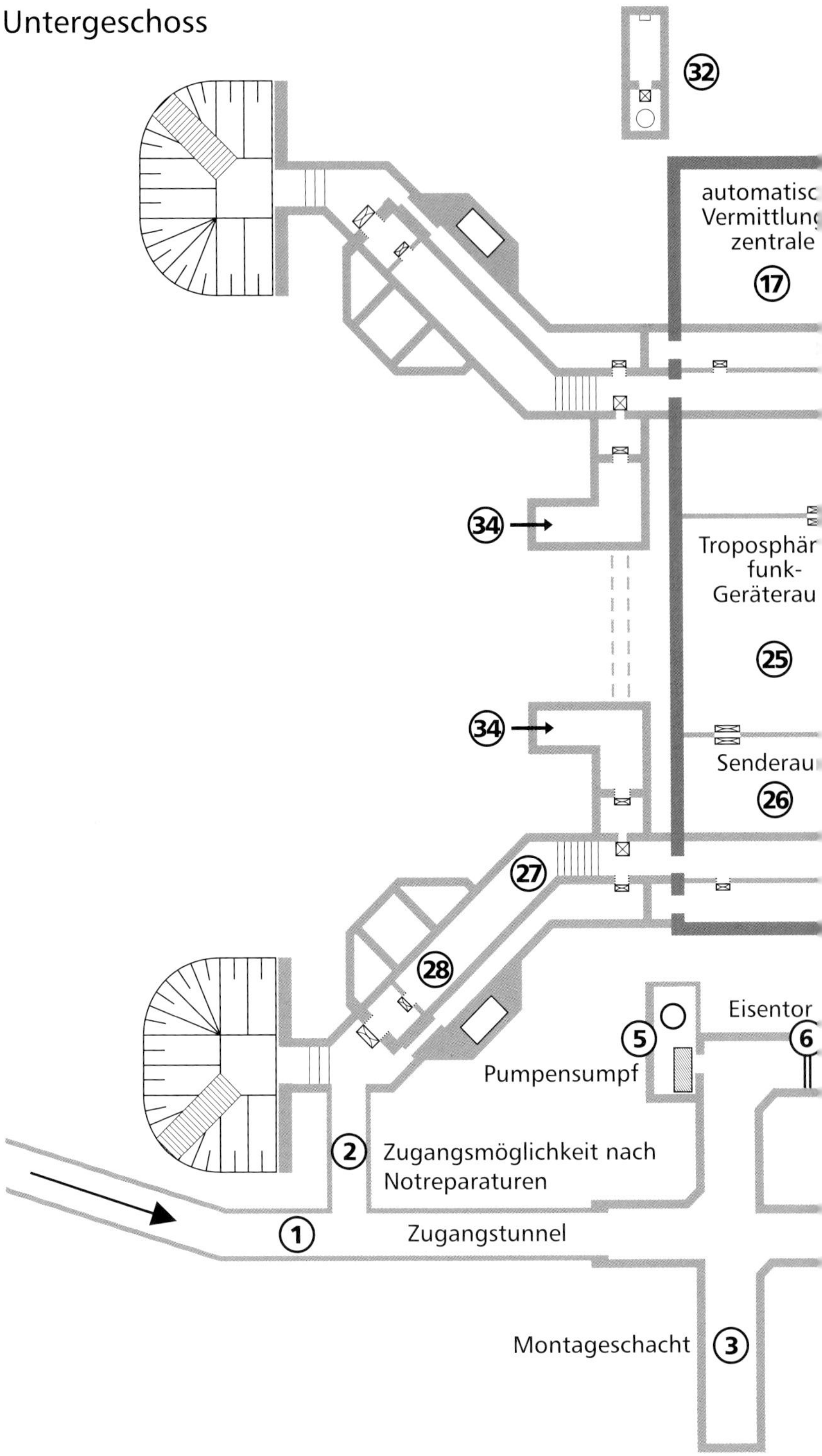

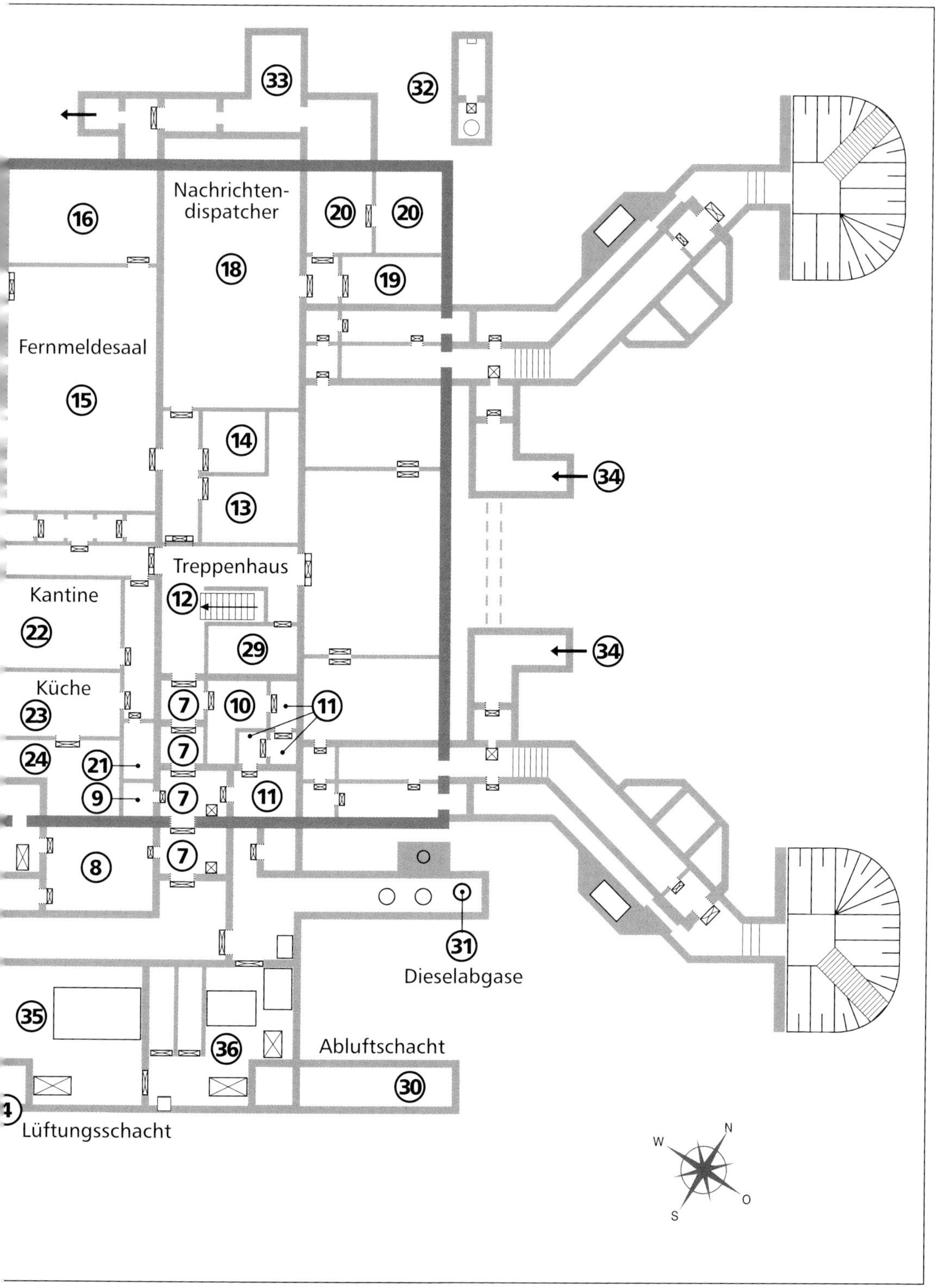
33
32
Nachrichten-
dispatcher
20
20
16
18
19
Fernmeldesaal
15
14
34
13
Treppenhaus
Kantine
12
22
29
34
Küche
7
10
11
23
7
24
21
9
7
11
8
7
31
Dieselabgase
35
36
Abluftschacht
30
Lüftungsschacht
W
N
O
S

Lüftungsschacht mit Membranklappen (2005)

In der ersten Druckkammer der Schleuse gelangt man durch eine Tür auf der linken Seite in einen *Pumpenraum* (8). Im zweiten Schleusenraum befinden sich in jeder Wand Bunkerschotten. Durch das auf der linken Seite wäre ein Soldat in die Schleuse gelangt, nachdem er Wartungsarbeiten in der Filterkaskade durchgeführt hatte. Die Filterkaskade wurde als unsauberer Bereich betrachtet, da die Filter natürlich sämtliche Kampfstoffe aufgenommen hätten. Daher wurde er nach der Arbeit an den Filtern nicht direkt in den Bunker gelassen, sondern über eine Eisenleiter und ein Zwischenpodest zunächst in diese Schleusenkammer geleitet. Hier hatte er seine Schutzkleidung abzulegen und in Müllsäcken, die an den zwei Bügeln auf der rechten Seite befestigt waren, zu verstauen, bevor er durch das rechte Schott in die Dekontaminierung gelangt wäre.

Nachdem man den dritten Raum der Schleuse passiert hat, gelangt man durch ein Bunkerschott auf der rechten Seite der vierten Kammer in den Raum des *Schleusenkommandanten* (10). Von hier aus steuerte er – einem U-Boot-Kommandanten ähnlich – an einem Pult das Öffnen und Schließen der verschiedenen Schotten, veranlasste den Luftaustausch und kontrollierte mit einem Kampfstoffprüfer die Belastung der Luft in der vierten Schleusenkammer und die Kampfstoffbelastung der geschleusten Person. Daher befinden sich in diesem Raum vier Ventile zur Regulierung des Überdrucks und mehrere Differenzdruckmessgeräte. Über Wechselsprechverbindungen in alle Kammern konnte der Schleusenkommandant zudem Kontakt zu den geschleusten Personen aufnehmen. Dies war nicht nur wichtig, um Anweisungen zu geben, sondern sollte auch die Soldaten beruhigen. Unter Überdruck gesetzt zu werden, ist ein äußerst unangenehmer Vorgang, der auch erfahrene Besatzungsmitglieder in Panik versetzte. Eine beruhigende Stimme konnte diese Situation erträglicher gestalten. Links neben dem Pult des Schleusenkommandanten, auf der dem Durchgang zur Schleuse gegenüberliegenden Seite, wären Soldaten durch ein weiteres Bunkerschott aus der letzten Duschkammer der *Dekontaminierungsanlage* (11) in den Raum gelangt.

Durch die letzte gasdichte Tür der Schleuse tritt man aus dem vierten Schleusenraum schließlich ins *Treppenhaus* (12) des Bunkers. Die Besonderheit besteht darin, dass die Treppen bei Bedarf ausgebaut werden konnten, das Treppenhaus somit zu einem Montageschacht umfunktioniert worden wäre. An den T-Trägern über der Treppe hingen daher drei Laufkatzen mit einer Tragfähigkeit von 3 Tonnen (äußere Laufkatzen) bzw. 1,5 Tonnen (innere Laufkatze). Im Bedarfsfall hätte beispielsweise einer der Schiffsdiesel aus der unteren Etage in einem Stück hinaufgezogen werden können. In Verbindung mit dem Montageschacht im Zugangstunnel bestand also die Möglichkeit, schwere und sperrige Gegenstände auf relativ kurzem Weg in einem Stück aus dem Bunker an die Oberfläche und umgekehrt zu transportieren. Daher wurden auch alle Kurvenradien, Türbreiten und -höhen so bemessen, dass ein Schiffsdiesel hindurchgepasst hätte. Die im Zugangstunnel montierten Zughaken dienten dazu, die Schiffsdiesel bei Bedarf mit Seilwinden durch den Tunnel zu ziehen.

Pumpenraum neben der ersten Kammer der Hauptschleuse, 1. UG (2005)

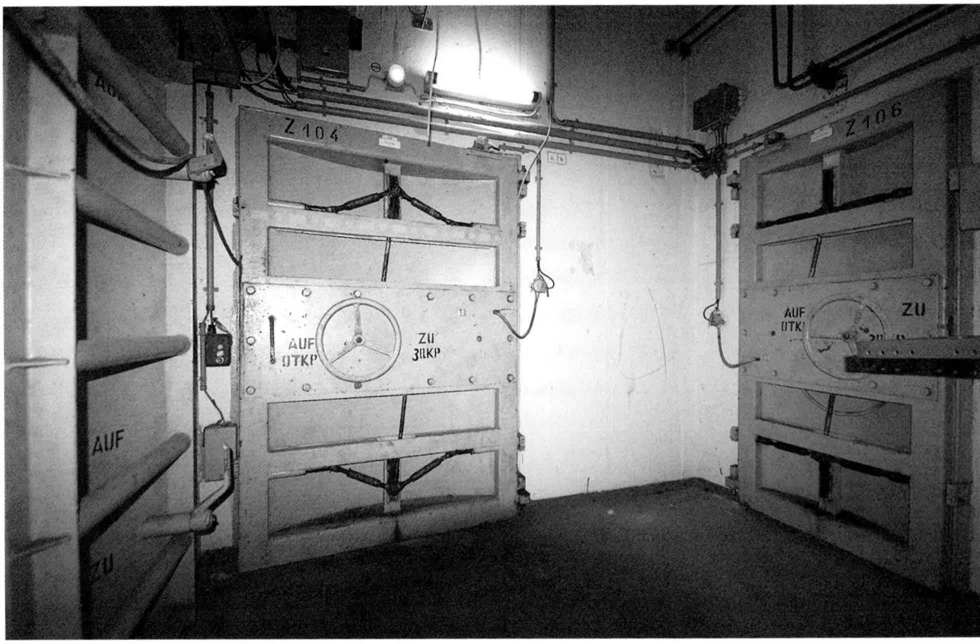

Zweite Kammer der Hauptschleuse; links geht es zu den Filtersätzen, rechts in die Dekontaminierung, geradeaus in die dritte Kammer, 1. UG (2005)

Die obere Etage des Bunkers beherbergte die Kommunikationstechnik und die Kantine, die untere die Betriebstechnik, die das Arbeiten des Bunkers überhaupt erst ermöglichte.

Bleibt man zunächst in der oberen Etage und tritt durch die gegenüber der Schleuse gelegene Brandschutztür mit der schwarz-gelben Schwelle, gelangt man in einen Flur. Auf der rechten Seite führen zwei Türen in weitere Räume. Durch die erste gelangt man in die *Nachrichtenmittelbetriebswerkstatt* (13). Hier standen Werkbänke mit Arbeitsplätzen, an denen notwendige Reparaturen der fernmeldetechnischen Geräte durchgeführt werden konnten. Der benachbarte Raum – durch eine Gittertür und eine Eisentür doppelt gesichert – war die *Waffenkammer* (14). Auf der linken Seite befanden sich ein Waffenträger, auf dem einige Kalaschnikows stets griffbereit standen, und ein Panzerschrank, in dem 30 Pistolen vom Typ Makarov und die Munition aufbewahrt wurden. An den restlichen Wänden türmten sich gestapelte Waffenkisten bis unter die Decke. Mit den darin befindlichen 680 Kalaschnikows hätten im Bedarfsfall einberufene Reservisten das Objekt gegen angreifende Feinde verteidigen sollen.

Durch die der Waffenkammer gegenüberliegende Tür betritt man den *Fernmeldesaal* (15). In diesem mit 8 x 12 Metern größten Raum der oberen Etage stehen Geräteträger für Wechselstrom-Telegrafie bzw. Puls-Code-Modulation, durch die auch in der DDR bereits im Jahr 1986 analoge Kanäle digitalisiert werden konnten. In der ersten Reihe stand zu Betriebszeiten der Azur 60 CP, ein Apparat sowjetischer Bauart, der die zuvor

Treppenhaus vom 1. zum 2. Untergeschoss (1990)

gebündelten Kanäle zur weiteren Verarbeitung vorbereitete. Im Fernmeldesaal fällt der gestelzte Boden auf. Unter den Bodenplatten liegen die gebündelten Fernmelde- und Versorgungskabel, die von unten in die Schränke hineingeführt wurden.

Auf der vom Eingang aus gesehen rechten Stirnseite des Fernmeldesaals schließt sich der 5 x 7 Meter große Raum für die *Nachrichtenkabeleinspeisung* (16) an. Über diesen komplett mit 11 Millimeter starken Schiffsbaustahlplatten ausgekleideten Raum wurden alle Nachrichtenkabel in den Bunker geleitet. Bei den Leitungen handelte es sich größtenteils um SAS-Kabel. Die Abkürzung bezieht sich auf die russische Bezeichnung Sasekeretschivaja apparatura svjasi (Spezialnachrichtentechnik). Eine dieser SAS-Leitungen, Knotenkabel 44, führte

Das Treppenhaus ließ sich jederzeit zum Montageschacht umfunktionieren (2005)

über Böhlendorf, wo das Nachrichtenregiment der Volksmarine stationiert war, und den Schaltschacht Alt Stassow in den Marinestabsbunker in Tessin-Drüsewitz. Von dort aus hätte die Admiralität die Einsätze der Volksmarine geleitet. Bis auf eine Ausnahme wurden alle SAS-Kabel pneumatisch drucküberwacht. Eine Änderung des Luftdrucks im Kabelmantel hätte darauf hingedeutet, dass das Kabel entweder durch einen Angriff beschädigt worden war oder angezapft und abgehört wurde.

Der Luftdruck erfüllte jedoch noch eine zweite wichtige Funktion: Er hätte im Gefechtsfall das Eindringen von chemischen, biologischen und radioaktiven Kampfstoffen in das Gebäude über die Nachrichtenkabel verhindert. Das sowjetische Fernmeldekabel BP 4 funktionierte nach dem gleichen Prinzip, der Kabelmantel wurde jedoch nicht mit Luft sondern mit Öl druckbefüllt. Die Ölflecke sind bis heute auf dem Boden zu erkennen – das sogenannte Kabelblut. Neben den SAS-Kabeln wurde hier auch Koaxialkabel in den Bunker geleitet, die die Bilder der Fernüberwachungskameras an der Oberfläche in den Bunker leiteten, von der Besatzung jedoch auch für den TV-Empfang genutzt wurde. In diesem Raum wurden die Kabelpaare aufgesplittet, deren Signale dann in anderen Räumen weiterverarbeitet wurden.

Aus dem Fernmeldesaal führt eine weitere Tür in die automatische *Vermittlungszentrale* vom Typ FVS 4 (17), die mit vier blau-grauen Schrankwandreihen bestückt ist. Dieser Raum durfte nur von Angehörigen des Spezialnachrichtendienstes (SND) der NVA, der für die Chiffrierung und Codierung der geheimen Funknachrichten zuständig war, betreten werden.

Im Deckenbereich aller Kommunikationstechnikräume fallen neben den Kabelbrücken Kanäle für Zu- und Abluft sowie Rauchmelder ins Auge. Weitere Rauchmelder liegen unter den Bodenplatten, so dass beispielsweise der Fernmeldesaal allein mit 30 Rauchmeldern versehen war.

Begibt man sich zurück in den Flur und wendet sich nach links, gelangt man durch die Tür mit Klappe in einen zur Hälfte mit Akustikplatten verkleideten Raum – in den *Nachrichtendispatchersaal* (18). Rechts neben der Tür stehen zwei Handvermittlungsplätze der FSV 4. Diese Tische lassen den heutigen Betrachter an die Zeit denken, als die Telefonie gerade erfunden worden war und Telefone keine Tasten oder Wählscheiben besaßen, sondern durch eine Induktorkurbel ein Stromstoß erzeugt wurde und das »Fräulein vom Amt« die gewünschte Verbindung durch das Umstöpseln von Kabeln herstellte. Dabei wurde noch vor nicht allzu langer Zeit in bestimmten Fällen auf diese Art der Verbindungsaufnahme zurückgegriffen. Die »roten Telefone« auf den Schreibtischen der Regierungschefs, die nach der Kubakrise 1962 eingerichtet worden waren, um gefährliche Missverständnisse zwischen den Machtblöcken des Kalten Krieges durch einen direkten Austausch zu vermeiden, blieben solange tot, bis in Bauwerken wie diesem an solchen Handvermittlungstischen eine direkte Verbindung hergestellt wurde. Damit die Führungspersonen, deren Verbindung hier erstellt worden wäre, auch wirklich ungestört »unter zwei Ohren« sprechen

Fernmeldesaal im 1. UG nach den Renovierungsarbeiten (2006)

konnten, wurde an dem dritten Pult, einem Messtisch, geprüft, ob jemand die Leitung angezapft hatte.

In der Mitte des Raumes befindet sich das zentrale Bedienpult des im Bunker befindlichen Troposphärenfunk-Gerätesatzes BAGET 417 S. Auf der der Tür gegenüberliegenden Stirnseite steht eine Duplierung des Pultes, das eine Etage tiefer im Raum des Bunkerdispatchers im Einsatz war. Neben dem Knopfteil auf der linken Seite befindet sich das Kommandantensprechgerät mit seinem Schwanenhalsmikrophon und rechts das Telefonpaneel. Von hier aus konnten die wichtigsten Parameter des Bunkers kontrolliert und gesteuert werden, beispielsweise der Überdruck und das Schleusensystem. Über sein Sprechgerät konnte der Kommandant außerdem in sämtliche Räume des Bunkers und in die U-Zone Anweisungen geben. Verstärkt wurde das Pult über die dahinter stehenden »Ela-Schränke« (elektroakustische Verstärker). Diese waren mit einem Plattenspieler versehen, so dass den Soldaten zum Beispiel an Feiertagen, etwa am 1. Mai oder am 7. Oktober, die richtige Marschmusik auf dem Appellplatz eingespielt werden konnte. Ein ebenfalls hier installiertes Radio sollte die Besatzung im Ernstfall mit Informationen – auch von gegnerischer Seite – versorgen. Rechts davon befindet sich ein KSS 1300, ein Kurzwellensender mittlerer Reichweite, der als Notsender im 1-KW-Bereich gesendet hat. Die erforderlichen Antennen sind im Objekt als Erdantennen verlegt worden.

In einer der oberen Akustikplatten in der linken hinteren Ecke des Saals ist ein Paneel untergebracht, das mit dem Brandmeldeschrank in der unteren Etage verbunden ist und die Auslösung von Brandmeldern und die ergriffenen

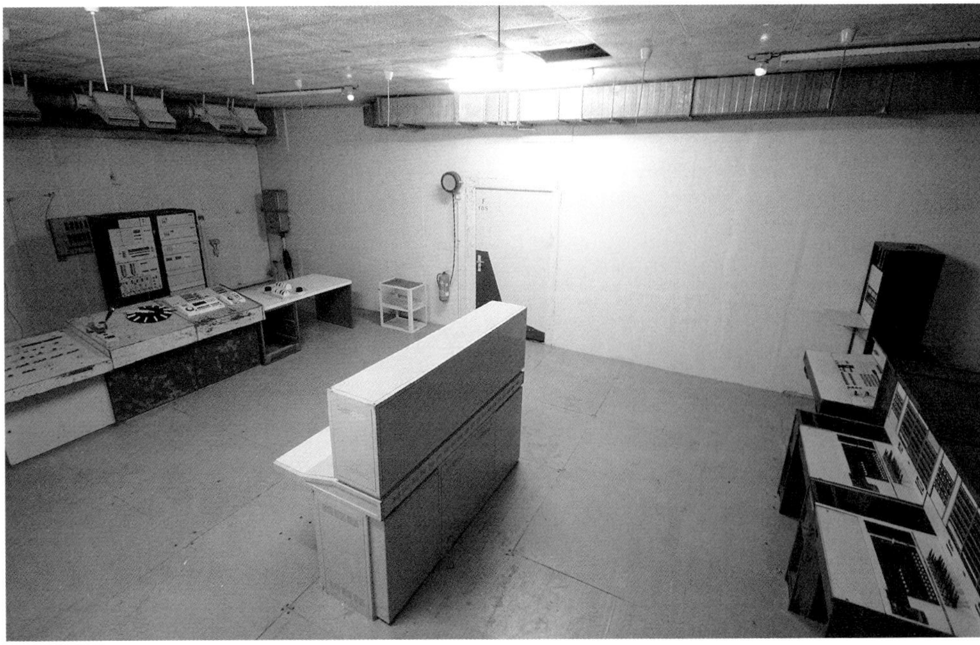

Nachrichtendispatcherzentrale, 1. UG (2006)

Maßnahmen, wie etwa die Separierung bestimmter Brandabschnitte, angezeigt hätte. Der Metallschrank darunter birgt die Objektvermittlung und ermöglichte, dass im Bunker kommuniziert und vom Bunker aus in die U-Zone, ins öffentliche Telefonnetz oder in andere Netze vermittelt werden konnte.

Auf der rechten Seite des Nachrichtendispatchersaals betritt man nach der Durchquerung einer kleinen Zwischenkammer das *Dienstzimmer des Bunkerkommandanten* (19). Der Kommandant, in Eichenthal bis 1987 im Rang eines Fregattenkapitäns, nach der Ablösung des ersten Kommandanten im Rang eines Korvettenkapitäns (also eines Majors), hatte hier seinen Schreibtisch und ein weiteres Kommandantensprechpult. Die Tür auf der linken Seite der Zwischenkammer war mit einem Zahlenkombinationsschloss versehen. Durch sie gelangte man in die *Chiffrierräume des Spezialnachrichtendienstes* (20). Abgeschirmt, zugangsbeschränkt und strengster Geheimhaltung unterliegend, waren hier die aus sowjetischer Produktion stammenden Schrift- und Sprachschlüsselgeräte untergebracht, die der Spezialnachrichtendienst zur Kryptierung und Codierung von Nachrichten nutzte. Die Bedeutung dieser Apparate, die nach einem ähnlichen Prinzip wie die berühmten ENIGMA-Chiffriergeräte der Wehrmacht arbeiteten, wurde offensichtlich so hoch eingeschätzt, dass im November 1989, die Grenze zur Bundesrepublik war gerade erst geöffnet, zwei sowjetische Offiziere in Eichenthal auftauchten, um die Geräte mitzunehmen – es handelte sich nur um eine Leihgabe für die Zeit der Waffenbrüderschaft.

Kehrt man durch den kleinen Flur, vorbei an Fernmeldesaal, Waffenkammer und Nachrichtenmittelbetriebswerkstatt, zurück ins Treppenhaus und tritt durch die Tür auf der rechten Seite, steht man in einem weiteren Flur. Zuerst zweigt links ein Gang ab, der zum *Abfallraum* (21), in die Küche und zur Vorratshaltung führt. In die *Kantine* (22) gelangt man durch die nächste Tür zur Linken. Die Größe dieses Raumes lässt Verblüffung aufkommen, wenn man weiß, dass im Ernstfall 30 Mann Besatzung im Bunker stationiert gewesen wären. Diese 30 Leute waren aber zum Teil im Dienst oder in Bereitschaft, so dass nur ein Drittel zeitgleich die Kantine hätte aufsuchen können. In dem nur 3 x 5 Meter großen Raum wäre aber auch zehn Personen recht eng geworden. An der Decke sieht man außer den Belüftungskanälen einen Zimmerlautsprecher, der an das Sprechpult des Kommandanten angeschlossen war.

Hinter der Durchreiche befinden sich die *Küche* (23), die mit einem aufwändigeren Be- und Entlüftungssystem mit Geruchsfiltern, einer Dreifachspüle und einem Hockerkocher ausgestattet war, und der Raum, in dem die *Vorräte* (24) gelagert wurden.

Gegenüber der Kantinentür liegen auf beiden Seiten einer kleinen Kammer zwei Schächte, die die Umluft im Gebäude transportiert bzw. die klimatisierte Luft im Bunker verteilt haben.

Durch die Tür am Ende des Flurs betritt man den *Troposphärenfunk-Geräteraum* (25). Unmittelbar hinter der Tür bilden zwei Zwischenwände einen

Die früheren NVA-Spezialisten in neuer Bundeswehruniform waren nach 1990 ohne militärische Aufgabe und vertrieben sich die Zeit mit Schachspielen; Raum des Nachrichtendispatchers

Bereich von 50–60 Zentimetern Breite, in dem 8 Starkstromschalter und auf der rechten Seite Verteilerkästen befestigt sind. Der Geräteraum ist in seinen Fundamenten für die Aufnahme von zwei Gerätesätzen vorbereitet; in Eichenthal wurde jedoch nur ein Satz montiert.

Zwischen den zwei Geräteschrankwänden links und rechts, die den Troposphärenfunk-Gerätesatz Baget 417 S (auch »Komplekt« genannt) beinhalten, steht in der Mitte des Raumes ein Azur 60 C, ein Gerät, das die vorbereiteten und gebündelten Signale der Azur 60 CP im Fernmeldesaal übernommen und verteilt hat. Hinter dem Azur-60-C-Schrank befindet sich das relativ kleine Bedienpult des Baget 417 C mit dem darüber befestigten Uhrenkasten mit vier Anzeigeinstrumenten. Mit diesem Pult und den Anzeigen konnte man die Hornstrahler auf dem Antennenträger neigen und anheben und durch dieses Nachjustieren der instabilen und sich je nach Wetterlage ändernden Höhenlage der Troposphäre anpassen, um so die Kommunikation mit der Gegenstelle zu ermöglichen.

Hinter der Wand mit dem Uhrenkasten befindet sich der *Senderaum* (26). Dieser Raum beherbergt die Sendeschränke; acht Stück stehen hier in einer Reihe. Ein Doppelschrank bildet eine Sendereinheit, so dass diese acht Schränke zur Ansteuerung der vier Troposphärenfunk-Hornstrahler auf dem Antennenmast benötigt wurden. Auf der rechten Seite jeder Sendereinheit befindet sich ein Gleichrichter, links unten das Kühlsystem mit Pumpe und Kühlemulsion. Mittig, ungefähr in einem Meter Höhe, sieht man die Öffnung, an die das Klystron mit der Typbezeichnung »Viola« angeflanscht wurde. Dieser gab seine Signale im Bereich von beachtlichen 4 Gigahertz in den kupfernen, auf der Innenseite versilberten und auf Kautschuk gelagerten Hohlleiter, der im Oberteil der Sendereinheit einmündete. Die vier Sendereinheiten konnten entweder zusammengelegt oder getrennt werden, so dass jeder Strahler auf dem Mast entweder ein separates Signal einer Sendeeinheit empfing oder alle vier Hornstrahler das selbe Signal übernahmen. Außerdem stehen in diesem Raum die Radiallüfter, die das separate Luftkühlsystem für die Sendetechnik im Nachbarraum versorgten.

Begibt man sich an der Sendetechnik vorbei in die linke hintere Ecke des kleinen Raumes, gelangt man durch eine aus drei Bunkertüren bestehende Schleuse in einen langgestreckten Zwischenraum. Hier stehen zwei weitere Geräteschränke sowjetischer Bauart, die mit Regelventilen und Gasflaschen versehen sind. Sie waren erforderlich, um die Hohlleiter mit trockener Luft zu füllen, was Signalabgabe und -transport erleichterte und durch den Überdruck ein Eindringen von Kampfstoffen verhinderte.

Kriecht man durch den halbhohen Durchgang am Ende des Raumes, erreicht man einen Korridor, der in seinem Grundriss exakt dem vorherigen Raum entspricht. Im Deckenbereich wurden die Hohlleiter vom Sender hineingeführt. Hier wurden sie an PVC-Rohre angekoppelt, die innen mit einem versilberten Kupferdrahtgewebe versehen waren. Diese Kunststoffrohre hatten den Vorteil, im Schadensfall flexibler handhabbar zu sein, da man sie, anders als die massiven Kupferrohre, mit relativ engen Radien biegen konnte.

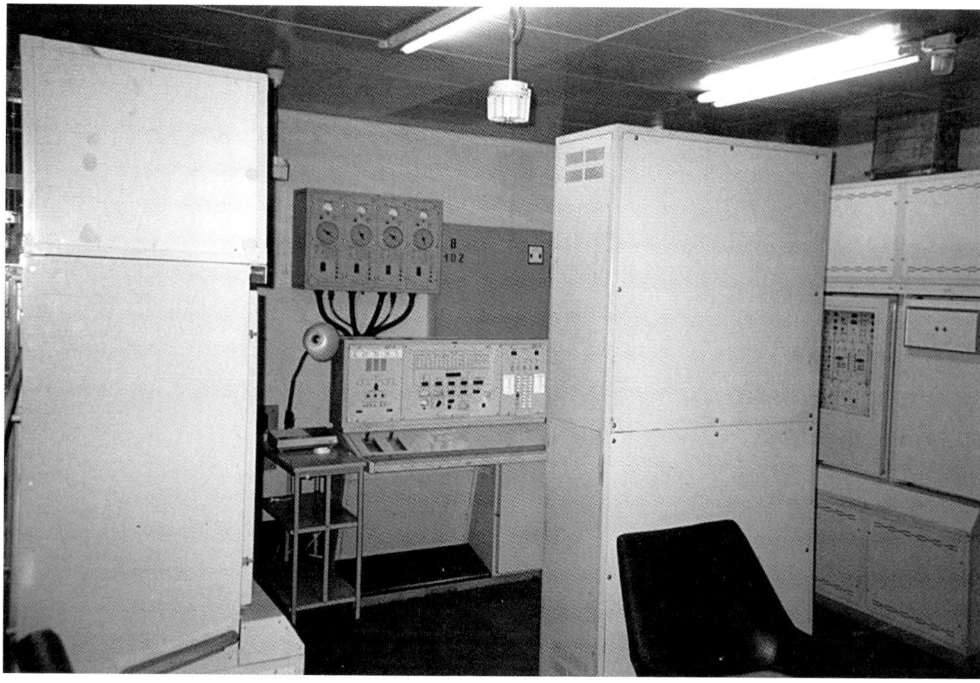

Das Herz der Anlage: Der Troposphärenfunk-Geräteraum im ursprünglichen Zustand (1990)

Der Geräteraum nach der Demontage (2004)

Durch einen weiteren halbhohen Durchgang gelangt man kriechend in den Zugang zum *Leitungsgang* (27). Aus der Wand ragen zwei kleine Membranklappen-Zylinder, und eine Treppe mit sechs Stufen führt in den 10 Meter langen Gang. Auf der rechten Seite werden die Hohlleiter zur Antennenplattform geführt. Am Ende des Ganges steht man unter einem Panzerdeckel. Hier befindet man sich exakt unter dem *Antennenmastfundament* (28). Wären die Antennenträger beschädigt worden, hätte man die Hohlleiter mit den hier vorhandenen Schnellverschlüssen abflanschen, an der Wand wieder anflanschen und durch bereitgestellte Hohlleiter, die zum Notausgangs-Drucktor nach draußen führten, mit den Ersatzantennenträgern verbinden können.

Betrachtet man den Bunkergrundriss von oben, sieht man, dass sich ein solcher Leitungsgang an jedem Eckbereich befindet, wodurch der Grundriss der oberen Etage einer vierbeinigen Spinne ähnelt. Die anderen drei Eckbereiche und Senderäume waren jedoch nicht mit Technik ausgestattet, sondern lediglich mitgebaut worden, da es sich um einen standardisierten Typenbau handelt.

Bevor die Geschichte eine unerwartete Wendung nahm, bestand der Plan, im Bunker Eichenthal im Jahr 1990 einen weiteren Gerätesatz zu installieren, der die Ostrichtung bedienen und eine Verbindung zum Kommando der Baltikflotte herstellen sollte. Doch dazu kam es dann nicht mehr.

Durch Leitungsgang, Senderaum, Geräteraum und Flur gelangt man wieder ins Treppenhaus. Auf der anderen Seite kann man in den zweiten Troposphärenfunk-Geräteraum blicken, der jedoch keine technische Ausstattung besaß. Neben dem Treppenabgang führt eine Tür in den *Krankenraum* (29). Hier stand ein Behandlungstisch. Mit der vorhandenen medizinischen Grundausstattung hätten Patienten im Notfall versorgt werden können.

Sendeschränke im zentralen Senderaum, 1. UG (1990)

2. Untergeschoss

Im *Treppenhaus* (1) fallen gegenüber vom Treppengeländer Pressluftgeräte auf. Sie wären im Falle einer Brandbekämpfung in Verbindung mit Atemmasken zum Einsatz gekommen. Nimmt man die Treppe ins Untergeschoss, steht man nach einigen Stufen auf einem Treppenabsatz. Zur Linken konnte die Besatzung ihren menschlichen Bedürfnissen nachkommen; hier gelangt man zum *Toilettenbereich*, bestehend aus zwei Toilettenbecken und zwei Pissoirs. Ergänzt wurden die spartanischen Einrichtungen (3+4) durch vier *Handwaschbecken* und eine *Dusche*.

Vier Stufen nach dem Absatz steht man auf der Bunkersohle - das Untergeschoss ist erreicht.

Der unmittelbar neben der Treppe gelegene Raum beherbergte die Technik, die zur *Druckregelung* (2) des gesamten Bunkers erforderlich war. Die Magnetventile waren mit den ebenfalls auf dieser Ebene befindlichen Presslufttanks verbunden. Diese Ventile konnten von verschiedenen Stellen des Bunkers angesteuert werden, beispielsweise vom Pult des Schleusenkommandanten. Sowohl der Bunkerüberdruck insgesamt als auch der Druck in den Schleusen wurde von hier aus geregelt.

Begibt man sich (wie auf der oberen Etage) zunächst in den nordwestlichen Flurbereich und betritt den ersten Raum auf der rechten Seite, steht man im *Lagerraum für die Feuerlöschtechnik* (5). Hier standen unter anderem drei mit einem Halongas befüllte Gasflaschen, die mit einem Leitungssystem in der Netzersatzanlage und im Tanklager verbunden waren. Halone (halogenierte Kohlenwasserstoffe) stören im Gegensatz zum bekannten Erstickungsverfahren (etwa mit CO_2) den Verbrennungsablauf. Auf der linken Seite steht ein Regal zum Auf- und Entladen von Handleuchten.

Durch ein Bunkerschott in der hinteren Wand gelangt man in einen Vorraum mit einem Handwaschbecken. Im anschließenden Raum befinden sich die *Akkumulatoren* (6), die bei einem Ausfall des Landesnetzes eine unterbrechungsfreie Stromversorgung garantierten.

An den Akkumulatorenraum mit seiner Vorkammer schließt sich links die *Energiezentrale* (7) an, ein Saal mit einer Grundfläche von 17 x 7 Metern. Durch die linke Stirnwand werden die Kabel des Landesnetzes in den Bunker geleitet; hinter der Wand befindet sich, eine halbe Etage höher gelegen, der 630-kVA-Trafo in einem Anbau. Die Stirn- und Längsseiten des Saals werden von Geräteschrankwänden eingenommen; zwei weitere Schrankwände stehen in der Mitte des Raums. Die Elektroschränke an der linken Längsseite sind sowjetischer Bauart und dienten allein der Stromversorgung des Troposphärenfunk-Gerätesatzes. Die übrigen Elektroschrankwände stammen aus DDR-Produktion und beinhalten den Überspannungsschutz, die Steuerung der Havariebeleuchtung, die zentrale Handschaltung, die Klimaregelung, die Haupt- und Netzsteuerung, die Reservenetzsteuerung und -einspeisung, die Batterie-, Gleichrichter- und Batterieübergabeschränke.

Auch in diesem Raum ist der Boden gestelzt, um darunter Kabel entlangführen zu können. An der Decke verlaufen auf beiden Stirnseiten Zu- beziehungs-

Bunkerbau · 2. Untergeschoss

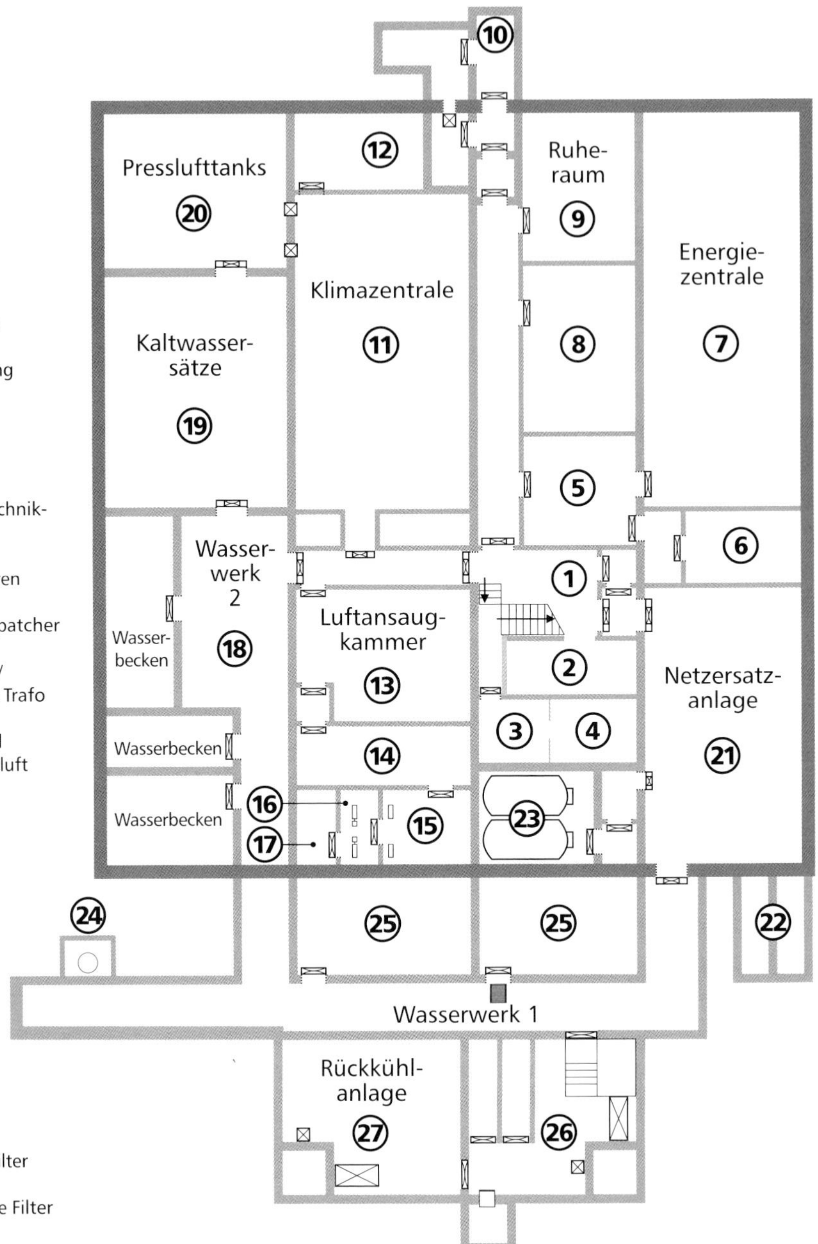

1 Treppenhaus
2 Druckregelung
3 Waschraum
4 Toiletten
5 Feuerlöschtechnikraum
6 Akkumulatoren
8 Bauwerksdispatcher
10 Notausstieg / Zugang zum Trafo
12 Batterie- und Gebäudefortluft
14 chemische Filter
15 radiologische Filter
16 Grobstaubfilter
17 Zuluftturm
22 Beregnungskammer
23 Tanklager
24 Pumpensumpf
25 Kühlwasserbecken (Wasserwerk 1)
26 Lüfterraum
☒ Membranklappe

weise Abluftkanäle, und der Saal ist – wie alle anderen Räume – mit Wandlautsprechern ausgestattet.

Begibt man sich durch den Feuerlöschtechnikraum zurück in den Flur und betritt den nächsten Raum auf der rechten Seite, fällt der Blick zunächst auf verschiedene Anzeigetafeln, die den größten Teil der Wandfläche einnehmen. In diesem Raum verrichtete der *Bunker- oder Bauwerksdispatcher* (8) seinen Dienst. Von seinem Pult in der Mitte des Raumes (ein baugleiches steht im Raum des Nachrichtendispatchers in der oberen Bunkeretage) konnte der Bunkerdispatcher alle zentralen Vorgänge im Bauwerk steuern. Die Betriebs-, Mess- und Regelschränke an den Wänden mit ihren schematischen Darstellungen und Leuchtdioden gaben ihm dabei Auskunft über den Zustand der verschiedenen Systeme des Bunkers. Der Schrank links neben der Eingangstür stellte die ermittelten Taupunkte dar, an denen sich die ebenfalls von hier aus gesteuerte Raumklimatisierung orientieren musste, damit die empfindlichen Geräte durch kondensierendes Wasser nicht zu Schaden kamen. Die Anzeige daneben stellt eine schematische Darstellung aller wesentlichen Bunkerschotten und -tore dar, wobei Leuchtdioden anzeigten, ob der jeweilige Durchgang geöffnet oder geschlossen war. Die folgenden zwei Schränke dienten der Kontrolle des gesamten Wassersystems (Kühl-, Brauch-, Trink- und Abwasser). Der mit einem Monitor versehene Eckschrank beinhaltet unten das Bedienpult für die Kampfmittelprüfung und oben die Bedienelemente für die Druckgeber im Wald, die in Sekundenbruchteilen eine atomare Detonation registriert hätten, und für

Russische Bedienungsanleitung für die Schaltkonsole der Kampfmittelprüfanlage, 2. UG (2005)

die pneumatischen Absperrklappen, mit denen der Bunker im Millisekunden hermetisch abgeriegelt worden wäre. Die zwei danebenliegenden Schrankelemente zeigten Betrieb und Zustand des Lüftungssystems (Zu- und Umluft, Batterie- und Gebäudefortluft), der Klimatisierung, aller Filtersätze und Radiallüfter. Auskunft über das separate Verbrennungsluft- und Kühlluftsystem der Netzersatzanlage gab der mittlere Schrank an der Längswand. Die folgenden Bedienteile und Anzeigen waren für die Anzeige von Einzelstörmeldungen, die Kontrolle der Versorgungstechnik und die Steuerung der Brandabschnittsseparierung konstruiert. Der Anzeigenbereich des Schranks rechts daneben informierte über den Zustand von Landesnetz, Batteriestrom und Netzersatzanlage und ermöglichte die Steuerung aller Stromverbraucher. In der rechten Ecke zeigte eine Tafel den Füllstand der Dieseltanks für die Netzersatzanlage an, die insgesamt 37 000 Liter fassten. Von hier aus wurde auch die Betankungsanlage gesteuert. Das erste Bedienelement an der rechten Wand diente der Synchronisierung der drei Generatoren; die drei folgenden

Sanitäranlagen im Originalzustand von 1990 und nach der Demontage bzw. Zerstörung 2004

Anzeigetafeln waren jeweils einem der Dieselmotoren zugeordnet. Der kleine Schrank in der Ecke stellt die Brandmeldezentrale dar. Auf der Rückseite des Bedienpults steht ein Schrank, in dem mehrere Holztafeln durch Kontergewichte und Umlenkrollen nach oben und unten verschoben werden können. Auf diesen Tafeln sind in schematischer Weise die gängigen Betriebsabläufe dargestellt, so dass sich der Bauwerksdispatcher im Zweifelsfall noch einmal vergewissern konnte, welche Knöpfe in welcher Reihenfolge zu drücken oder zu drehen waren.

Durch die nächste Tür auf der rechten Flurseite gelangt man in den 5 x 6 Meter großen *Ruheraum* (9). Zwei Stufen führen hinab, da der gestelzte Boden hier flacher gehalten wurde als in den Nachbarräumen. Rechts neben der Tür ist die Wand mit Akustikplatten verkleidet, und im Deckenbereich befindet sich ein Umluftkanal. Von der Decke herab hingen schmale Betten – jeweils drei übereinander. Durch die Aufhängung an Stahlfedern sollte verhindert werden, dass schlafende Besatzungsmitglieder durch die starken Schwingungen, in die der Bunker infolge eines Kernwaffenschlags versetzt worden wäre, aus ihren Betten fallen. Die Betten hätten, ähnlich wie Hollywoodschaukeln im Garten, an den Stahlfedern auspendeln können, ohne dass die Soldaten zu Schaden gekommen wären.

Am Ende des Flurs führt eine Schleuse mit zwei Kammern in ein Turmbauwerk. In diesem führt eine Eisenleiter auf ein Zwischenpodest, von dem aus man entweder durch ein halbhohes Schott in den Traforaum gelangen oder sich über eine weitere Eisenleiter zum *Notausgang* (10) begeben kann. Außerdem bestand die Möglichkeit, durch ein Schott im unteren Bereich einen weiteren unterirdischen Turm zu betreten, in dem sich eine halbe Etage höher die Nachrichtenkabeleinspeisung und die Ablassöffnungen für die Gebäude- und Batteriefortluft befinden.

Folgt man dem Flur zurück ins Treppenhaus und wendet sich nach rechts, tritt man durch eine Brandschutztür und gelangt über zwei Stufen hinab in einen weiteren Korridor. Auf der rechten Seite liegt das Brandschutzschott zur *Klimazentrale* (11). Auf beiden Seiten des 8 x 16 Meter großen Saals befinden sich die Klimastränge.

Gegenüber der Klimazentrale liegt der *Raum für die Batterie- und Gebäudefortluft* (12). Vier Radiallüfter (jeweils zwei für Batterie- und Gebäudefortluft) saugen die verbrauchte Luft ab und befördern sie nach außen.

In diesem Raum befinden sich zwei pneumatische Absperrklappen (PAK), die mit Pressluftflaschen bestückt sind und das Gebäude im Falle einer thermonuklearen Explosion verschlossen hätten. Dies funktionierte nach folgendem Prinzip: Im Waldboden sind in geringer Entfernung zu den Eckpunkten des Bunkers vier Druckgeber installiert, die jede Veränderung der Druckverhältnisse registrieren. Da eine Kernwaffenexplosion sehr viel Sauerstoff benötigt, entsteht in ihrer Folge ein massiver Unterdruck. Würde der Bunker durch seine Lüftungsrohre offen stehen, hätte er wie durch einen Strohalm leergesaugt werden können, so dass im Inneren ein Vakuum entstanden wäre. Die Druckgeber hätten

Radiologischer Filter, 2. UG; links die Leiter zur zweiten Kammer der Hauptschleuse (2006)

einen Unterdruck bereits im Entstehen registriert und durch einen Signalstrom veranlasst, dass die im Bunker verteilten Absperrklappen in Sekundenbruchteilen alle Kanäle, die den Bunker mit der Außenwelt verbinden, verschließen und das Gebäude so hermetisch abriegeln.

Vom Flur führt eine Bunkertür zur linken Seite in die *Luftansaugkammer* (13). In diesem Raum steht man zunächst auf einem Podest, an dem ein Kampfmittelprüfer montiert ist, der über eine Prüfleitung mit der Anlage der garantierten Luftreinhaltung, einem thermokatalytischen Filter, verbunden ist. Diese Anlage befindet sich hinter den Radiallüftern, die Frischluft ins Bauwerk saugen. Im Falle des durch den Kampfmittelprüfer vor dem Grobstaubfilter festgestellten Einsatzes von biologischen Waffen wäre die angesaugte Luft über diesen Filter umgeleitet und auf 140 Grad Celsius erhitzt worden, wodurch die Luft keimfrei geworden wäre. Über ein Kühlaggregat und zwei Regenerierpatronen hätte man dann die gefilterte Luft in die Klimazentrale weiterleiten können.

Gegenüber der Tür und dem Podest gelangt man über eine Schleuse in einen kleinen Raum, in dem die *chemischen Filter* (14) untergebracht sind. Die Filterkaskade auf der linken Seite besteht aus 18 Filtertonnen; jeweils drei sind übereinander montiert. In der rechten Wand befindet sich eine pneumatische Absperrklappe und ein weiterer Kampfmittelprüfer. Seine Prüfleitung ist mit dem Grobstaubfilter verbunden. Eine Analyse der Außenluft hätte darüber entschieden, welche Filter zum Einsatz gekommen wären.

Im benachbarten Raum befinden sich *radiologische Filter* (15). Auf der linken Seite führt eine Eisenleiter in die zweite Kammer der Hauptschleuse im oberen Stockwerk, von wo aus man in die Dekontaminierung gelangen kann. Diesen Weg hätten die Posten nehmen müssen, wenn sie Wartungsarbeiten an den Filtern vorgenommen hatten. Gegenüber führt ein Durchgang zum *Grobstaubfilter* (16), in dessen Kammer sich zwei pneumatische Absperrklappen befinden.

Durch einen weiteren Durchgang dieser Art erreicht man schließlich den *Zuluftturm* (17). Am Ende des Korridors gelangt man zum *Wasserwerk 2* (18). Hier befinden sich drei Wasserbecken. Das größte fasst 100 m³, hinter dem Wandvorsprung auf der linken Seite liegen kleinere Becken. Das mittlere Be-

Raum des radiologischen Filters während des Abpumpens (2005)

Fortluftkammer hinter der Klimazentrale, 2. UG (2006)

Chemischer Filter im 2. UG (2006)

cken, vor dem zwei Hauswasseranlagen stehen, fasste das Trinkwasser. Der Raum wird geprägt durch isolierte Rohrleitungen an Decke und Wänden. Vor dem Durchgang auf der rechten Seite ist eine Handflügelpumpe montiert, neben der man die Dosierungsanleitung für die Trinkwasserentkeimung sieht.

Durch das Schott zur Rechten betritt man den Raum, in dem die *Kaltwassersätze* (19) untergebracht sind. Mittig dieses 7 x 10 Meter großen Saals stehen zwei Verdichter. Diese Aggregate hatten die Funktion, das verbrauchte, also erhitzte Kühlwasser erneut für die Kühlung nutzbar zu machen. Das größte Becken im Wasserwerk 2 diente als Bereitstellungsbecken, von dem aus diese Kaltwassersätze versorgt wurden. Nach der Rückkühlung wurde das Wasser in die Kühlbecken im Wasserwerk 1 geleitet. Eine Luftentfeuchtungsanlage verhinderte Kondenswasserbildung. Insgesamt zehn Pumpen für das System nehmen die rechte Seite des Raumes ein.

Durch eine gasdichte Bunkertür gelangt man am Ende des Raumes zu den *Presslufttanks* (20), die für einen Druck von 56 bar ausgelegt waren. Mit ihrem Volumen von jeweils 2800 Liter standen sie jedoch in der Regel unter einem Druck von 15 bar. Ein Dreikolbenverdichter war die dazugehörige »Tankstelle«. Der Kompressor auf der linken Seite wurde genutzt, um die Pressluftflaschen der pneumatischen Absperrklappen zu befüllen. Von hier aus wurde der gesamte Bunker unter Überdruck gehalten und die für die Schleusung nötigen Druckdifferenzen erzeugt. Die Tanks hätten zudem in Betriebsweise 3 den Bunker mit Atemluft versorgen sollen.

Netzersatzanlage im gefluteten Bunker (2005)

Netzersatzanlage nach dem Auspumpen des Bunkers (2006)

Kehrt man ins Treppenhaus zurück und passiert die Schleuse auf der gegenüberliegenden Seite, befindet man sich im Raum der *Netzersatzanlage* (21). Die Schleuse war notwendig, da dieser Bereich nicht mit filtrierter Luft versorgt wurde. Daher konnte der Monteur bei Wartungsarbeiten nur in Vollschutz durch die Schleuse eintreten, musste den Raum jedoch über das Wasserwerk 1 verlassen und über eine Leiter ins 1. Untergeschoss gehen, um sich einer Dekontaminierung zu unterziehen. Der Raum wird beherrscht von drei 6-Zylinder-Schiffsdieselmotoren aus dem Dieselmotorenwerk Rosslau. Jeder Generator hat eine Leistungsfähigkeit von 400 kV. Um die Energiemenge zu produzieren, die der Bunker zur Erfüllung seines Kampfauftrages benötigte, wären zwei der Aggregate ausreichend gewesen, das dritte diente als Reserve. Im Raum stehen zur Wartung der Motoren notwendige Ölwechsel- und Spülgeräte. Der Boden zwischen den Dieselaggregaten besteht aus Gitterrostplatten, unter denen Rohre und Kabel verlaufen. Auf der Rückseite der Schiffsdiesel befindet sich ein Laufsteg, an den sich die unzugängliche *Beregnungskammer* (22) anschließt, in der die Dieselabgase heruntergekühlt wurden. So konnte eine thermische Ortung durch die Luftaufklärung verhindert werden. Rechts gelangt man ins *Tanklager* (23). In dessen vier Tankbehältern wurden insgesamt 37 000 Liter Dieseltreibstoff gelagert.

Im Raum der Netzersatzanlage fallen die zahlreichen Rohrleitungen an der Decke auf. Sie dienten nicht nur der Abführung der Dieselabgase und der Verbrennungsluft, sondern auch der Umluftventilation. Die dafür vorgesehene Anlage ist mit einem Rückkühlaggregat

Wasserwerk 1, 2. UG (2006)

ausgestattet, mit dessen Hilfe die Luftfeuchtigkeit im Raum absorbiert werden konnte. Ein Laufsteg führt an den zwei *Kühlwasserbecken* (25) vorbei, die ein Fassungsvermögen von je 60 m^3 haben. Durch zahlreiche Rohre sind beide Wasserwerke verbunden, sodass im Bedarfsfall die Kaltwassersätze die Rückkühlung im geschlossenen Kreislauf bewerkstelligen konnten.

Gegenüber den Kühlbecken befindet sich das Rückkühlbauwerk für die Netzersatzanlage. Eine Duplierung dieser Räume und ihrer Technik befindet sich exakt darüber auf der oberen Bunkerebene. Vom Laufsteg des Wasserwerks 1 betritt man den *Lüfterraum* (26). Hier stehen zwei der vier größten Radiallüfter der gesamten Anlage. Sie dienten der Zu- und Umluftversorgung der Netzersatzanlage. In der *Rückkühlanlage* (27) hinter dem Lüfterraum steht eine Klimasektion mit zwei Befeuchtungskammern, in denen die nebenan vorgekühlte Raumluft der Netzersatzanlage weiter heruntergekühlt wurde.

Wenn man durch diesen Bunker geht und die beklemmende Atmosphäre dort unten spürt, drängt sich unwillkürlich die Frage auf: Wozu das alles? Welch enormer Aufwand wurde hier für welchen Zweck betrieben?

All die vielen Räumen mit der überaus komplizierten Technik waren letztlich dafür gedacht, einen Funksender zu betreiben. Das eigentliche Herzstück der Anlage, der Troposphärenfunk-Gerätesatz mir der Sendetechnik, nimmt jedoch lediglich zwei Räume im ersten Untergeschoss ein. Alles andere war dazu da,

Rückkühlanlage, 1. UG (2006)

Klimablock mit Beregnungskammer zur Rückkühlung der Raumluft, 2. UG (2006)

Kaltwassersätze, vom Pressluftraum aus gesehen (2005)

die Anlage nach einem möglichen Atomschlag in Betrieb zu halten, so dass die Kommunikation mit den Führungsstäben auch unter Bedingungen funktionierte, da es draußen schon kein Leben mehr gab. In einer solchen Situation musste für die Besatzung die Atemluft gefiltert werden, brauchte sie sauberes Wasser, das im Bunkerinneren gelagert wurde, musste eine autonome Energieversorgung funktionieren. Die militärische Geheimhaltung erforderte zudem neben den üblichen Chiffriermaschinen auch die Kühlung von Abgasen und die Errichtung von Tarnbauwerken. Schließlich galt es, eine völlige Abkapselung von der verseuchten Umgebung zu schaffen, wofür diverse Druckgeber, Absperrklappen, hermetisch schließende Türen, Schleusen, Dekontaminierungskammern und ein konstanter Überdruck im Inneren erforderlich waren.

Die Besatzung hätte nach einem Atomschlag maximal 24 Stunden im vollständig hermetisierten Bunker ausharren können (in der Betriebsweise 3), bevor die Atemluft zur Neige gegangen wäre. Unter Schutzlüftung (Betriebsweise 2) hätte sich der Aufenthalt im Bunker auf ungefähr vier Wochen ausdehnen lassen. Danach wären die Treibstofftanks leer und die Lebensmittelvorräte erschöpft gewesen. Die atomare Wolke an der Oberfläche hätte sich dann gewiss verzogen, doch das ganze Areal wäre kilometerweit zerstört und auf Jahre hin verseucht gewesen. Die Führungszentralen weiter östlich hätten im Idealfall die Informationen darüber per Troposphärenfunk noch erhalten, doch den betroffenen Menschen in der Region hätte dies wenig genützt.

Öffnung des Tunnelmundes (2004)

Entfernung einer Betonabdeckung auf dem Montageschacht (2005)

Schleuse zwischen Luftansaugkammer und chemischem Filter, 2. UG (2006)

Wasserwerk 2; rechts die Leitern zu den Wasserbecken; links blickt man durch einen Flur in die Luftansaugkammer (2006)

Kaltwassersätze (2006)

Wasserwerk 1, 2. UG; hinter den Rohren liegen die Kühlwasserbecken (2006)

Energiezentrale, 2. UG (2006)

Klimazentrale, 2. UG (2006)

6-Zylinder-Schiffsdiesel aus Rosslau zur Netzersatzversorgung des Bunkers, 2. UG (2006)

Luftansaugkammer, 2. UG (2006)

Fernmeldesaal nach der Rekonstruktion, 1. UG (2006)

Fernmeldesaal in geplündertem Zustand (2004)

Troposphärenfunk-Gerätersatz Baget 417 S, 1. UG (2006)

Bauwerksdispatcher, 2. UG (2006)

Ende und Wiederbelebung eines seltenen Spezialbauwerks

Das Museumsprojekt Eichenthal

Die Nutzung der Troposphärenfunk-Zentrale Eichenthal begann 1988, ein Jahr bevor das komplette BARS-System in Betrieb genommen wurde. Lediglich ein halbes Jahr lang befanden sich dann alle drei Troposphärenfunk-Stationen der DDR im Dauerbetrieb – von Mai bis Oktober 1990. Zu diesem Zeitpunkt war bereits klar, dass das Ende der DDR nur noch eine Frage der Zeit ist. Der Austritt der DDR aus dem Warschauer Pakt am 24. September 1990 und der Zusammenbruch des sowjetisch dominierten Machtblocks machten das BARS-System obsolet, und seine Troposphärenfunk-Stationen wurden mit einem Schlag zu steinernen Zeitzeugen einer vergangenen Epoche.

Am 2. Oktober, dem Vorabend der Deutschen Einheit, wurden um 18.30 Uhr alle drei Troposphärenfunk-Zentralen auf dem Gebiet der DDR endgültig abgeschaltet. Wenige Stunden später tauschten die Besatzungen die NVA-Uniformen gegen Uniformen der Bundeswehr. Am 3. Oktober begann dann die schrittweise Abwicklung in Eichenthal. Der Bunker wurde nur noch zwischen 8 Uhr und 15.30 Uhr mit zwei bis vier Mann besetzt. Auch an der Oberfläche wurde Personal abgebaut: Die Zivilangestellten, die beispielsweise in der Küche und der VS-Stelle arbeiteten, wurden einer nach dem anderen gekündigt, bis zuletzt nur noch das Wachpersonal übrig blieb. Um sich der militärischen Angestellten zu entledigen, versetzte sie die Bundeswehr regelmäßig und kurzfristig an weit entfernte Standorte. Diese Schikanen blieben nicht ohne Erfolg: Fast alle in Eichenthal beschäftigten ehemaligen NVA-Soldaten quittierten bald den Dienst.

Der Personalabbau wurde begleitet vom Abtransport der Waffen nach Böhlendorf. Parallel dazu erfolgte die Auflösung der VS-Stelle. Die hier archivierten geheimen Verschlusssachen wurden entweder verbrannt oder zur Dienststelle Niederlehme gebracht.

Das endgültige Aus für die Dienststelle Eichenthal folgte schließlich am 7. Januar 1992. Auf dem gesamten Gelände wurde der Strom abgeschaltet, und der Bunker wurde verschlossen. Die Betriebsstoffe wurden entfernt und Spezialtechnik zurückgebaut. Die Kühlwasserbecken stellten keine Gefahr für die Umwelt dar und wurden nicht ausgepumpt – ein folgenreiches Versäumnis, wie sich später herausstellen sollte.

Abschließend wurde der Bunker verplombt, um unbefugtes Eindringen zu verhindern. Den Tunnelmund mauerte man zu, sogenannte »Kindersärge«, Betonquader von etwa 1 x 2 Meter Größe,

Warnschild der Bundeswehr (1991)

wurden auf alle Öffnungen gelegt, die Leitungsgänge zu den Antennenfundamenten verfüllte man mit Kies und Aushub.

Von der Bundeswehr ging das Objekt ins Landesvermögen über. 1992 wurde das Forstamt Abtshagen zum Eigentümer der Liegenschaft, dessen Aktivitäten sich darauf beschränkten, den Leerstand zu verwalten und den Zaun zu flicken.

In der Zeit von 1992 bis 2001 dienten die Stabsgebäude als Asylbewerberheim. Im Jahre 2001 erfolgte die endgültige Schließung aller Bereiche des ehemaligen Militärischen Sonderobjekts.

Es dauerte nicht lange, bis Vandalen die oberirdischen Gebäude in den Rohbauzustand zurückgeplündert hatten. Alles verwertbare wurde demontiert: Kabel, Heizkörper, Türen und Lampen.

Auch die Verplombung des Tiefbunkers hielt der menschlichen Neugier nicht lange stand. Interessierte Anwohner öffneten den Tunnelmund wieder, um sich im Bunkerinneren einen Eindruck davon zu verschaffen, was zuvor unter strengster Geheimhaltung in ihrer näheren Umgebung geschehen war. Wesentlich folgenreicher als diese kurzen Besichtigungstouren war der Besuch des selbsternannten »Bunkerrückbaukommandos Wollenberg«.

Wenige Tage später besichtigte ich die Troposphärenfunk-Station in Wollenberg, wobei mir die Betreiber von ihrer »Sicherstellungsaktion« berichteten. Ich wurde hellhörig: Dieser Bunker sollte nur 40 Kilometer von meinem Wohnort entfernt liegen – und ich hatte noch nie etwas von ihm gehört!

Bereits in meiner Kindheit im Berlin der 1960er Jahre war mein liebster Spielplatz der vollständig erhaltene Luftschutzkeller unseres Wohnhauses. Das Faszinosum Unterwelt sollte mich mein gesamtes weiteres Leben begleiten. Ab 1990 arbeitete ich an einem Buch über die Geisterbahnhöfe unter dem bis vor kurzem noch geteilten Berlin[44] und war in Kooperation mit dem Stadtplanungsbüro Arnold und Körner als Gutachter für den Berliner Senat tätig, wobei ich mich u.a. mit den Bunkern am Alexanderplatz, in der Dresdner Straße, in der Littenstraße, mit dem »Diplomatenbunker« am Brandenburger Tor und mit den Überresten der Reichskanzlei beschäftigte.

Anfang Juni 2004 machte ich mich auf die Suche nach dem Bunker Eichenthal und fand die Anlage. Auf den ersten Blick schien das obere Geschoss in gutem Zustand. Doch im Untergeschoss stand das Wasser über zwei Meter hoch! Vermutlich hatte jemand die Kühlwasserbecken auslaufen lassen und das Untergeschoss geflutet.

Trotz der schwierigen Bedingungen verbrachte ich fortan jede freie Minute im Bunker und erkundete mit allen mir zur Verfügung stehenden technischen Mitteln jeden Winkel. Der geflutete Bunker wirkte auf mich wie ein gesunkenes U-Boot. Der Gedanke, dieses U-Boot zu heben und den Bunker wieder in seinen ursprünglichen Zustand zu versetzen, begann langsam in mir zu reifen.

Im Juli hatte mir das Forstamt Abtshagen gestattet, mich im Bunker aufzuhalten, wenn ich dafür sorgte, dass kei-

Zugekippter Montageschacht (2004)

ne weiteren Personen Zutritt erhielten. Nachdem meine Aufenthalte somit legalisiert worden waren, begann ich mich ernsthaft mit dem Gedanken zu beschäftigen, den Bunker zu übernehmen. Ich führte Bauzustandsanalysen durch und fertigte Machbarkeitsstudien an und kam zu dem Ergebnis, dass die Anlage noch zu retten war – allerdings nur mit beträchtlichem Aufwand. Im Laufe des Sommers signalisierte ich dem Forstamt Abtshagen mein Interesse am Kauf des Bunkers Eichenthal.

Weshalb jemand einen unter Wasser stehenden Bunker in einer abgelegenen und wenig besuchten Gegend kaufen und die damit verbundenen beträchtlichen Risiken und Unwägbarkeiten auf sich nehmen will, ist eine naheliegende und durchaus berechtigte Frage. Wahrscheinlich müssen immer mehrere Faktoren zusammentreffen, um sich zu einer solch folgenschweren Entscheidung durchzuringen – zumindest in meinem Fall war dies so.

Als ich von dem Bunker hörte, verdiente ich meinen Lebensunterhalt damit, auf meinem Gutshof in Mecklenburg Hunde zu züchten und Möbel zu restaurieren. In den 1980er Jahren hatte ich als Produzent für Großkonzerte gearbeitet, weshalb ich mich nun massiv unterfordert fühlte und nach neuen herausfordernden Aufgaben suchte. Der Bunker präsentierte sich mir wie auf einem Tablett – ich musste nur noch zugreifen.

Hinzu kam, dass ich in meiner nächsten Umgebung erfahren hatte, wie wenig im gymnasialen Schulunterricht auf die Geschichte der DDR und ihre Rol-

Götz Thomas Wenzel bei einer der ersten Erkundungstouren (2004)

6-Zylinder-Schiffsdiesel im gefluteten 2. UG (2005)

Deckenpilze in den Räumen vor der Trockenlegung (2005)

le im Kalten Krieg eingegangen wurde. Den Bunker betrachtete ich als Chance, einen Teil zum Ausgleich dieses Defizits beizutragen – ich wollte hautnahen Geschichtsunterricht zum Anfassen bieten. Schließlich sah ich auch die Möglichkeit, einige Arbeitsplätze zu schaffen, die gerade im Nordosten Deutschlands dringend benötigt werden.

Mein Entschluss stand bald fest: Das U-Boot wird gehoben! Ich wollte an diesem authentischen Ort Führungen anbieten und die Besucher für die Thematik des Kalten Krieges und den Wahnsinn des atomaren Wettrüstens sensibilisieren – denn Vergessen birgt die Gefahr der Wiederholung.

Mit aller Kraft arbeitete ich auf dieses Ziel hin. Unterstützt wurde ich dabei von zahlreichen Helfern, die mir in ihrer Freizeit mit ihrer Arbeitskraft und mit Sachspenden unter die Arme griffen. Ohne diese selbstlose freiwillige Hilfe wäre das Projekt nicht zu realisieren gewesen. Mein besonderer Dank gilt hierbei Manuela Friedrichs. Im Frühsommer 2005 stand sie vor den Toren der Anlage und bewarb sich als Mitarbeiterin. Durch ihre schier unendliche Tatkraft wurde sie bald zur unentbehrlichen Stütze des Projekts, weshalb ich sie zum »Stabschef« von Eichenthal ernannte.

Die Sanierungsarbeiten schritten zügig voran. Ab Winter 2004/05 pumpten wir das Wasser aus dem zweiten Untergeschoss in die Kühlwasserbecken zurück und entfernten monatelang alle organischen Baustoffe wie Spanplatten und Bodenbeläge aus dem Bunker, um Schimmel- und Fäulnisbildung zu vermeiden. Wir beseitigten die Verplombungen, um die atmosphärische Belüftung wiederherzustellen, und legten die verschütteten Bereiche frei.

Im Spätsommer 2005 war es dann soweit: Ich unterzeichnete bei einem Rostocker Notar den Kaufvertrag und wurde zum offiziellen Eigentümer des ehemaligen Militärischen Sonderobjekts 302. In den folgenden Monaten waren wir damit beschäftigt, die gesamte Elektroinstallation des Bunkers zu erneuern – 18 Kilometer Elektrokabel waren dazu notwendig – und ein zweites Stromsystem zur Steuerung der geplanten Simulationsprozesse zu installieren.

Der folgende Winter stellte uns vor neue Herausforderungen. Bislang hatten wir einen zum mobilen Büro umgebauten Bus als Zentrale unseres Projektes genutzt; die Kälte ließ die Arbeit dort jedoch zur Qual werden. Einige hilfsbereite Handwerker hielten das Projekt durch ihre Initiative dennoch am Laufen: Kurzerhand machten sie sechs Zimmer im Stabsgebäude wieder nutzbar.

Nunmehr auch im Winter voll einsatzfähig, arbeiteten wir mit Hochdruck und Erfolg daran, einen der Klimastränge des Bunkers wieder in Betrieb zu nehmen. Durch die Unterstützung des Regionalbüros Grimmen von E.ON edis gelang es, die Bauwerksfeuchte um beachtliche 20 Prozent senken.

In der ersten Hälfte des Jahres 2006 ging das Projekt auf die Zielgerade. Unter größtem Zeitdruck musste nun alles für die Führungen vorbereitet werden. Die mit Schlamm verklebten und verrosteten Maschinen und Geräte im Untergeschoss mussten demontiert, aus dem Bunker gebracht, gereinigt und wieder im Bunker aufgebaut werden, was sehr viel Zeit beanspruchte. Wir nahmen die

Eine neue Tür für den Tunnelmund entsteht in der Schlosserei in Tribsees (2005)

Aushub der verschütteten Notausgänge nach der Freilegung (2005)

Die zwischengelagerten Troposphären-Gerätesätze vor dem Rückbau in den Bunker (2005)

farbliche Rekonstruktion der oberen Bunkerebene in Angriff, um dem Besucher einen Eindruck vom Originalzustand des Bauwerks zu vermitteln und den Kontrast zur zwar trockengelegten und sanierten aber nicht renovierten unteren Ebene, die als Zeugin der wechselvollen Geschichte des Bauwerks dienen soll, zu verstärken.

Im August 2006 konnten wir die ersten Besucher empfangen und durch den Bunker und die oberirdischen Anlagen führen. Das U-Boot war gehoben!

Möge es künftigen Besuchern einen bleibenden Eindruck vom Irrsinn eines moglichen Atomkriegs vermitteln und ein wichtiges Kapitel der Militärgeschichte vor dem Vergessen bewahren.

Einfahrt zum Museumsgelände Bunker Eichenthal (August 2006)

Anhang

Anmerkungen

1 Schnibben, Birgit: Ur-Bus rollte vor 122 Jahren durch Grimmen. Abenteuerliche Probetour führte von Greifswald nach Tribsees. In: Ostsee-Zeitung, Ausgabe Grimmen und Umgebung, 27.8.2003

2 Preuß, Erich: Archiv deutscher Klein- und Privatbahnen. Brandenburg / Mecklenburg-Vorpommern. Strecken, Fahrzeuge, Betrieb. Stuttgart 1994, S. 322

3 Hormann, Werner: Die Greifwald – Grimmener Eisenbahn. Rostock 1991

4 Schulz, Lothar; Hoeppner, Ulrich: Die Rostock – Tribseer Eisenbahn. Rostock 1987, S. 28

5 Preuß, Archiv, a.a.O. S. 327

6 Wilhelm, Peter: Die Franzburger Südbahn. Über Felder von Velgast nach Tribsees. Freiburg 1997, S. 38ff.

7 Grusenick, Dieter: Bahn erbrachte keine Gewinne. In: Ostsee-Zeitung. Ausgabe Grimmen und Umgebung, 18.7.1996

8 Fahrplan der Verkehrsgemeinschaft Nordvorpommern, gültig bis 19.8.2006

9 Worm, Karl (Hrsg.): Geschichte der Stadt Tribsees 1285 – 1985. Tribsees 1985, S. 13

10 Bandlow, Heinrich: Geschichte des Landes und der Stadt Tribsees. Tribsees 1881, S. 33.

11 Vgl. u.a.: Bezirkskarten der DDR, Blatt 1: Bezirk Rostock, Berlin 1972 oder Verkehrskarte der DDR mit Ortsnamenverzeichnis, Blatt 2: Stralsund, Berlin 1967 oder Autokarte der DDR. Berlin 1983

12 Vgl.: Paduch, Walter: Das Troposphärensystem BARS. Ein Nachschlag zu den Aufsätzen zur Geschichte der Nationalen Volksarmee – Nachrichten und Flugsicherungstruppen 1956–1990. Strausberg 2004, S. 6f.

13 Vgl.: Walter, Klaus; Meyer, Michael: Großer Bahnhof an der Trebeltalbrücke. In: Ostsee-Zeitung, 8.12.2005

14 Angaben nach: http://www.safog.com/home/atombombe.html

15 Vgl.: Umbach, Frank: Das rote Bündnis. Entwicklung und Zerfall des Warschauer Paktes 1955–1991. Berlin 2005

16 Vor allem aufgrund der Tatsache, dass entscheidende Dokumente zur Einsatzplanung von NVA und Warschauer Pakt nicht eingesehen werden können, kann die Frage nach möglichen Planungen des östlichen Militärbündnisses für einen Präventivschlag bis heute nicht abschließend beantwortet werden. Die gegensätzlichen Aussagen stützen sich oft auf Spekulationen und sind maßgeblich vom jeweiligen politischen Standpunkt geprägt. Vgl. zu dieser Kontroverse: Nielsen, Harald: Die DDR und die Kernwaffen. Die nukleare Rolle der Nationalen Volksarmee im Warschauer Pakt. Baden-Baden 1999

17 Frank, Hans: Die Westgruppe der Truppen (WGT). In: Naumann, Klaus (Hrsg.). NVA – Anspruch und Wirklichkeit. Hamburg/Berlin/Bonn 1996, S. 333

18 http://de.wikipedia.org/wiki/Stanislaw_Jewgrafowitsch_Petrow
19 Mehr dazu auf der Website über das BARS-Objekt 301: http://www.bunker-wollenberg.de
20 Frank, Hans: Westgruppe. a.a.O., S. 332
21 Diese und die folgenden Angaben nach: Paduch, Troposphärensystem. a.a.O., S. 2ff.
22 Militärlexikon der DDR, Berlin 1971, S. 427
23 Nähere Informationen unter: http://www.netzine.de/aktuell/bagdad2.html
24 Hennis, Michael: Der neue militärisch-industrielle Komplex in den USA. In: Aus Politik und Zeitgeschichte. Bd. 46 (2003)
25 Haas, Daniel: Atomarer Bunkerknacker. US-Regierung gibt »Mini-Nukes« auf. Spiegel-Online, 26. Oktober 2005
26 Das Dokument im vollständigen Wortlaut ist im Internet wiedergegeben auf: http://www.documentarchiv.de/ddr/1956/nationale-volksarmee_ges.html
27 Diedrich, Torsten; Ehlert, Hans; Wenzke, Rüdiger: Die bewaffneten Organe im System von Partei, Staat und Landesverteidigung. Ein Überblick. In: Dies. (Hrsg.): Im Dienste der Partei. Handbuch der bewaffneten Organe der DDR. Berlin 1998, S. 7
28 Jablonsky, Walter: Zur Stellung ihrer Streitkräfte in der Warschauer Vertragsorganisation (WVO) und in deren Vereinten Streitkräften (VSK) 1989. In: Ders.; Wünsche, Wolfgang (Hrsg.): Im Gleichschritt? Zur Geschichte der NVA. Berlin 2001, S. 77
29 Genaue Angaben über die Abwicklung der NVA finden sich in: Ehlert, Hans (Hrsg.): Armee ohne Zukunft. Das Ende der NVA und die deutsche Einheit. Berlin 2000
30 So der ehemalige Hauptmann der Reserve, Hans Krech in seinem Vorwort: Erste Einblicke in das Schattenreich der Auslandsaktivitäten der NVA. In: Gröbsch, Jürgen: Der Dienst für Internationale Verbindungen der NVA. Einblicke in ein Schattenreich. Berlin 2003, S. 5
31 Diedrich/Ehlert/Wenzke: Die bewaffneten Organe … a.a.O., S. 1, 55
32 Frankfurter Allgemeine Zeitung, 3.3.1967. Zit. nach Praun, Hella (Hrsg.): Albert Praun. Ein deutsches (Soldaten-) Leben 1894–1975. München 2004, S. 320
33 Dieses Zitat ist auf der Website des Heeres der Bundeswehr http://www.deutschesheer.de nachzulesen. Es ist dort zu finden unter den Schlagwörtern: Truppengattungen/Fernmeldetruppe
34 http://www.lexikon-der-wehrmacht.de/Zusatz/Heer/Nachrichtenverbaende-R.htm
35 Militärlexikon, a.a.O. S. 457
36 Die biographischen Informationen zu Paduch finden sich in: Froh, Klaus; Wenzke, Rüdiger: Die Generale und Admirale der NVA. Ein biographisches Handbuch. Berlin 2000, S. 155
37 Paduch, Walter: Die Nachrichten- und Flugsicherungstruppen der Nationalen Volksarmee der DDR 1956 bis 1990. Kurzer militärhistorischer Abriss. In: Ders.: Aufsätze zur Geschichte der Nationalen Volksarmee – Nachrichten- und Flugsicherungstruppen – 1956–1990. Strausberg 2001, S. 27f.
38 Paduch, Walter: Organisation und Leistungsvermögen der Führungs- und Nachrichtensysteme sowie der Nachrichten- und Flugsicherungstruppen der NVA und deren Ausrüstung mit Technik. In: Ders.: Aufsätze, a.a.O. S. 78
39 Paduch, Troposphärensystem. a.a.O., S. 8

40 VEB Projektierungsbüro Süd: Technische Erläuterungen (undatiert, ca. 1985). Im Archiv des Bunkers Eichenthal

41 Vgl. hierzu: Bergner, Befehl Filigran. a.a.O., S. 10

42 Diese Schleusenordnung, datiert vom Oktober 1989, befindet sich im Archiv des Bunkers Eichenthal.

43 VEB Projektierungsbüro Süd: Titelblatt 4: Fachbereich 4: Klima- und Lüftungsanlagen. Erläuterungsbericht. Dresden 1983. Blatt 3f. (Archiv des Bunkers Eichenthal)

44 Knobloch, Heinz; Richter, Michael; Wenzel, Thomas: Geisterbahnhöfe. Westlinien unter Ostberlin. Berlin 1992 (5. Auflage 2003).

Glossar

AZUR 60: speziell für die Troposphärenfunk-Zentralen entwickelter Apparat sowjetischer Bauart, er bildete eingleisig 60 und zweigleisig 120 Fernsprechkanäle nach CCITT-Standard

Baget 417 S: stationäre Troposphärenfunk-Anlage

BARS: russ. bronirowani (geschützt), avtonomni (autonom), radiowani (funk-) und sistema (System); also ein abgeschirmtes, eigenständiges Nachrichtenverbindungssystem

BW: Betriebsweise

Chef Nachrichten: Oberbefehlshaber der Nachrichtentruppen innerhalb der NVA

Dispatcher: in der DDR verbreiteter Anglizismus; bezeichnete Personen in Führungspositionen mit Koordinations- bzw. Logistikaufgaben

Ela-Schränke: elektroakustische Verstärkerschränke

EMP-Schock: elektromagnetischer Impuls nach nuklearer Detonation, der elektronische Bauteile zerstört; abgeleitet vom engl. electromagnetic pulse

GSSD: Gruppe der Sowjetischen Streitkräfte in Deutschland

Hermetisierung: luftdichter Abschluss

KCB: Kern-, chemische und biologische Kampfstoffe

Klystron: Elektronenröhre zur Erzeugung oder Verstärkung von Hochfrequenzsignalen

Komplekt: militärischer Ausdruck für die Gesamtheit eines Troposphärenfunk-Gerätesatzes

MVM: Massenvernichtungsmittel; auch als MVW (Massenvernichtungswaffen) bezeichnet

NVA: Nationale Volksarmee

SAS: russ. sasekeretschivaja apparatura svjasi (Spezialnachrichtentechnik); drucküberwachte Nachrichtenkabel

SB: Schutzbauwerk (DDR-Militärbegriff für Bunker)

SK: Schleusenkommandant

SND: Spezialnachrichtendienst des Ministeriums für Nationale Verteidigung, zuständig für das Chiffrieren und Codieren geheimer Kommunikationswege der Armee

TFZ: Troposphärenfunk-Zentrale

Troposphäre: unterste Schicht der Atmosphäre, enthält etwa 90 Prozent der gesamten Luft sowie beinahe den gesamten Wasserdampf der Atmosphäre.

VSt: Vermittlungsstelle (H=Haupt, K=Knoten, Z=Zwischen-, E=End, U=Unter)

Zerschellschicht: Stahlbetonschicht über der eigentlichen Bunkerdecke zum Schutz vor Bombenangriffen

Danksagung

Wer die Geschichte nicht kennt, ist verurteilt sie zu wiederholen!

Dieses Zitat George Santayanas las ich in einer Inschrift im Weltkriegsbunker Gesundbrunnen, Ausstellungsort des Vereins Berliner Unterwelten e.V.

Bei meinen Bemühungen, einen oft vernachlässigten Teil der Nachkriegsgeschichte vor dem Vergessen zu bewahren, erfuhr ich tatkräftige Unterstützung von vielen Seiten. Es scheint mir in der Natur der Menschen hier zu liegen, eine geprüfte und für gut befundene Sache selbstlos und hilfsbereit zu unterstützen. Dieser Hilfe verdankt das militärhistorische Projekt Eichenthal sehr viel. So möchte ich allen Freunden und Unterstützern durch die Erwähnung ihrer Namen bescheiden und aufrichtig danken. Der Kreis der Helfer wächst täglich. Daher bitte ich um Nachsicht, dass bei Drucklegung einige Namen unerwähnt bleiben.

Amptown Sound & Communication: Peter Matthes, Michael Knappe, Torsten Thiele
Armin & Steffi, Angelenhof
Steffen Aschmutat, Bad Sülze
Autoservice René Löbert, Groß Bützin
Oberst a. D. Bachmann, Strausberg
Barther Qualifikations- & Beschäftigungsgesellschaft: Herr Heuser, Herr Schulze
Baubetrieb Michael Holz, Ribnitz-Damgarten
Baumaschinen Sternberg, Jördenstorf
Volker Behm, Rostock
Arne Benkwitz, Weitendorf
Betonwerk Berding: Herr Müller
Betrieb für Bau & Liegenschaften Rostock: Frau Andresen, Herr Naeve
Jörg Brennecke
Buchführungsbüro Tribsees: Frau Nied, Herr Schnoor
Büro für Bauleitplanung Bornhöved:
Herr Czierlinski & Maike Krell
Büro für Bauplanung Groth & Ingenieure, Bad Sülze: Astrid & Grit, Jürgen Groth
Containerdienst Döring, Tribsees: Herr Döring & Robert Ahrend,
Oberst a. D. Dierich, Strausberg
Druckerei Altstadt, Rostock: Herr Körber
Druckerei Kunsthaus Jan, Boddin
Druckluft-Schulze: Klaus
Hans Jürgen Dwars, Bad Sülze
Elektrofirma Peter Hoeck, Breesen: Hans Suhrbier
Elektrofirma & Küchen, Bad Sülze: Familie Kleinert
E.ON edis Regional Grimmen: Herr Maesing, Herr Corth, Herr Rudat, Herr Seifke, Herr Schmiedendorf, Herr Wolf
Annett Förster, Carlsthal
Freiwillige Feuerwehren Breesen, Langsdorf, Bad Sülze, Tribsees
Jörg Friedrichs, Kneese
»Stabschef« Manuela Friedrichs, Eichenthal
Karl Heinz Funk, Langsdorf
HKF Bad Sülze: Herr Müller
Richard Jakobi
Ralf Jerke, Burgstädt
Kalli (»Baggerkünstler)«
Karls Erdbeerhöfe, Rövershagen: Herr Dahl
Martin Kaule, Berlin
Oberstleutnant a. D. Kempe, Berlin
Klaus Knetsch, Dranske
Martin Kohagen, Langsdorf
Hartmut Kolschewskie, Langsdorf

Kommunalfahrzeuge Feierabend & Fock, Langsdorf
Landschaftsarchitekt Kai Lämmel, Rostock
Landtechnik Eixen: Herr Spikermann, Detlef Wendland, Thomas Ohlemeyer
Herr Langendorf, Böhlendorf
Norbert Maaß, Groß Schönebeck
Ullrich Malle, Bad Sülze
Malerfirma Manfred Schwerin, Bad Sülze
Marinefunksendestelle der Bundeswehr Marlow: Herr Gierhahn
MHO Gunnar Thomsen, Berlin
Möbelwerke Marlow: Mirko Ohm
Johannes, Matthias & Michael Möller, Stierow
Bernd Möser, Tribsees
Frau Nickel, Rostock
Olaf (Medieninstallation)
Fregattenkapitän Ullrich Paduch
Generalleutnant a. D. Dr. Walter Paduch
Carsten Pohle (Programmierung), Hamburg
Schornsteinfegermeister Quade
Frank Rachow, Zingst
Sanitärfirma Hölper & Schade, Bad Sülze
Schaltschrankanlagenbau Wolfgang Möser, Stralsund
Frank Scheffler (Brandschutzgutachter), Grimmen
Ralf Scheffler, Ribnitz Damgarten
Matthias Schiefelbein, Rakow
Jens Hagen Schwadt, Güstrow
Otto Semmler, Carlsthal
Stahlbau- & Handel Firma Manzke, Teterow
Standortverwaltung der Bundeswehr Neubrandenburg
Standortverwaltung der Bundeswehr Stralsund: Herr Winter, Herr Seeger
Straßenbau Bernd Hauptmann, Barth
Strukturförderverein Trebeltaal, Stremlow: Frau Schubert, Herr Richter, Herr Woitke
Svante Süß, überall
Kai Thiel, Carlstahl
Oberst a. D. Tietze, Müncheberg
Tischlerei Richard Rehberg, Breesen: Christian & Robert
Herr Töllner, Böhlendorf
TÜV Nord: Herr Handke, Herr Seifert, Herr Herter
Heiko Vaupel
Verein Kolkwitzer Bunkerfreunde
Wachhund Daro & seine Ärztin Frau Dr. Lampe, Eichenthal & Gresenhorst
Wasser- und Abwasser GmbH Boddenland
Fregattenkapitän Weigelt, Rostock
Werbe-Fink, Völkshagen
Werkzeughandel Lindner, Rostock

Angaben zum Autor

Götz Thomas Wenzel
Jahrgang 1957, Ausbildung als Gießer und Schmelzer, ab 1982 Produktionsleiter bei Großkonzerten und Volksfesten, seit 1984 freischaffender Produzent für Konzerte, u. a. für den Palast der Republik in Ost-Berlin; nach 1990 Tätigkeit in der Bunkerarchäologie, 1994 Übersiedlung nach Rügen, Kauf von 40 Ferienbungalows am Nordstrand, 2005 Übernahme einer 17 Hektar großen militärischen Liegenschaft in Eichenthal bei Bad Sülze mit einem ehemaligen Atombunker, Gründung der Bunkerbetriebsgesellschaft 302, Umbau der Anlage zum Museum, Eröffnung 2006.
Im Ch. Links Verlag erschien von ihm 1992 der Bild-Text-Band: »Geisterbahnhöfe. Westlinien unter Ostberlin« (mit Heinz Knobloch und Michael Richter).